ANALYSE

DE L'HISTOIRE

PHILOSOPHIQUE ET POLITIQUE

DES ETABLISSEMENS & DU COMMERCE
des Européens dans les deux Indes.

Par Bernard

ANALYSE

DE L'HISTOIRE

PHILOSOPHIQUE & POLITIQUE

DES ETABLISSEMENS

ET DU COMMERCE DES EUROPÉENS

DANS LES DEUX INDES.

Hiftoria.... Lux veritatis, Magiftra vitæ.
Cic. de Orat. II. 9.

A AMSTERDAM;

Et fe trouve à PARIS,

Chez MORIN, au Palais Royal.

M. DCC. LXXV.

AVERTISSEMENT.

ON jugeroit mal de ce petit Ouvrage, si on l'envisageoit comme une réfutation complète de l'Histoire Philosophique & Politique. Je n'eus jamais le dessein de me mesurer avec un Philosophe moderne. Supérieur à moi par l'élégance & la pureté de la diction, le Philosophe pourroit se prévaloir de ce nouvel avantage, en faveur de l'erreur qu'il établit & qu'il défend. Le zèle sans les talens, ne suffit pas ordinairement pour assurer le triomphe à la vérité. On peut perdre la meilleure cause, par la seule raison qu'on l'a mal défendue contre un adversaire plus adroit. Je me suis simplement proposé d'extraire avec la plus exacte fidélité quelques passages de l'Histoire Philosophique & Politique ; si mes citations sont exactes, j'ai rempli ma tâche, l'Auteur ni le Public n'ont aucun reproche à me faire.

Je me suis permis à la vérité quelques réflexions ; j'ai déduit quelques conséquences des principes de l'Auteur ; mais ce font des idées à moi qui pourroient ne paroître pas bien justes à tout le monde ; aussi je ne les présente pas au Lecteur pour les lui faire adopter. Ma glose peut être défectueuse ; aussi n'est-ce pas sur elle, ni par elle, que j'ai voulu faire juger de l'Histoire Philosophique & Politique. Il peut se faire, il y a même apparence, que je n'ai pas su profiter de tout l'avantage que me donnoient, contre le Philosophe, les textes que j'ai transcrits de son Livre ; mes raisonnemens peuvent être foibles ; il n'en est pas moins vrai cependant, que les fondemens du Christianisme, ceux de la Morale, ceux de la Société, y sont heurtés de front ; il n'en est pas moins vrai, que l'Histoire Philosophique & Politique est un nouveau monument érigé, à côté de tant d'autres, à l'honneur de l'Irréligion. Malheur au Lecteur qui n'en jugera pas de même !

Malgré le ton décisif & imposant des nouveaux oracles du genre-humain ; malgré leurs efforts réunis contre la Religion de Jésus-Christ, il sera toujours vrai, que le Christianisme élève l'homme autant au-dessus de lui-même, que la Philosophie moderne le ravale au-dessous des brutes : d'où il résulte deux grands avantages pour le Chrétien ; l'un de l'attacher irrévocablement au Culte parfait que sa Religion lui prescrit ; l'autre de le garantir des illusions de la fausse Philosophie, qui outragent la Divinité en dégradant la nature humaine.

Je n'ai extrait qu'une petite partie des textes dont la fausseté, l'absurdité, j'ose dire l'impiété, sont frappantes. Le Lecteur religieux qui voudroit en avoir un plus grand nombre, n'a qu'à prendre le Livre, l'ouvrir au hazard ; il seroit difficile qu'il n'en rencontrât pas.

On sera peut-être surpris, que je me sois permis dans mes réflexions, des expressions fortes, ou plutôt des qualifications deshonorantes contre l'Auteur ; je sais qu'ordinairement un Critique judicieux doit éviter toute espèce de personnalité ; mais que ne s'est pas permis l'Auteur lui-même contre Jésus-Christ & sa Religion ? Quelles invectives n'a-t-il pas dit aux Ministres du Christianisme ? A quel excès n'a-t-il pas porté son manque de respect envers tous les Souverains de l'Europe ? S'il ne s'est pas modéré lui-même dans ses fausses imputations contre le Sauveur des hommes ; s'il a violé les règles de la bienséance, de la modération, du devoir & du respect envers les Potentats de la Terre ; s'il a insulté dédaigneusement à la soumission des sujets envers les Souverains, quel droit a-t-il aux menagemens ? Il est permis, je pense, de lui répondre quelquefois sur le même ton, pourvu que les reproches qu'on lui fait, soient justes : tous les miens sont de nature à ne pouvoir pas être désavoués par lui-même. Je me flatte que tout Lecteur Chrétien judicieux, raisonnable & ami de la vérité, les trouvera bien fondés.

ANALYSE
DE L'HISTOIRE
PHILOSOPHIQUE & POLITIQUE
DES ETABLISSEMENS
ET DU COMMERCE DES EUROPÉENS
DANS LES DEUX INDES.

INTRODUCTION.

L'*Hiſtoire Philoſophique & Politique des Etabliſſemens & du Commerce des Européens dans les deux Indes*, fut imprimée à Paris pour la premiére fois en 1770; l'Editeur eut de bonnes raiſons, ſans-doute, pour ne pas l'y expoſer publiquement en vente; la Hóllande où la preſſe & les Libraires jouiſſent d'une liberté preſque entière, lui parut un débouché aſſuré pour le débit d'un livre dont, par bien des raiſons, il lui importoit de ſe défaire entiérement: ſa négociation fut heureuse, il en vendit tous les exemplaires à un Libraire connu & établi à Amsterdam : celui-ci ne fut pas long-temps à s'appercevoir qu'il s'étoit inutilement flatté d'un prompt débit ; les papiers publics annoncèrent cet Ouvrage à plusieurs reprises, mais malgré leur cri général, le livre resta enseveli dans le magasin pendant dix-huit mois : il y a apparence que le petit nombre d'exemplaires qui s'en vendirent pendant ce temps, n'avoit pas donné à cette Histoire toute la considération qu'elle a eue depuis.

Ce qui naturellement devoit précipiter cette production Philosophique dans un oubli éternel ; la fit sortir tout-à-coup de l'obscurité à laquelle elle paroissoit condamnée, & au moment où le Libraire, qui s'en trouvoit embarrassé, alloit en faire l'usage qu'on fait ordinairement des maculatures, le Public s'empressa d'en épuiser l'Edition : le moyen le plus sûr de faire courir avidement après un livre, c'est d'en prohiber la vente ; en effet le Gouvernement de France n'eut pas plutôt flétri cette production, dont les principes l'allarmérent, que ce livre fut recherché avec un empressement qu'on auroit peine à se représenter, si les Contre-factions qui suivirent, n'attestoient encore aujourd'hui le succès prodigieux qu'il a eu dans toute l'Europe. La vanité de l'Auteur, & la cupidité des Libraires, auroient dû être, ce semble, également satisfaites, si l'un n'étoit aussi insatiable d'encens que les autres le sont de profit, c'est sans doute à cette double avidité, qu'on est redevable de la dernière Edition qui vient de paroître à la Haye.

L'Editeur a fait dans cette occasion tout ce qu'on pratique ordinairement pour ranimer le goût du Public, & il paroît avoir réussi, quoique ce même Public dût avoir appris à ses dépens, que les Auteurs par des augmentations, des changemens & des corrections, ne cherchent qu'à doubler leur profit, en rajeunissant leurs Ouvrages, & en leur donnant une nouvelle vie; mais de tout tems le Public a été incorrigible.

Le septième Volume de cette *Histoire Philosophique & Politique* a été exposé en vente quelques semaines avant la dernière Edition; c'est sans doute une condescendance de la part de l'Editeur en faveur de ceux qui avoient acheté quelqu'une des premieres Editions, s'ils vouloient s'en contenter, malgré leur extrême défectuosité; car *elles n'ont été visiblement faites* que sur un manuscrit informe ou altéré (1) ; il est également malheureux pour l'Auteur & pour le Public, qu'il ait fallu quatre ans entiers avant d'être en état de réclamer contre ce larcin, & d'en réparer la perte. Ce malheur néanmoins devient moins grand, puisque l'Auteur qui avoit été assez mal-avisé pour se laisser voler son manuscrit, encore défectueux, a été assez habile pour réparer cette perte, pour donner son Ouvrage parfait, de façon que l'Editeur a pu le faire imprimer, *tel qu'il est sorti de ses mains* (2), c'est-à-dire, augmenté de plus d'un tiers, imprimé avec plus d'exactitude, enrichi enfin de figures emblématiques, & de cartes géographiques à la tête de chaque Volume.

L'Editeur de la Haye semble avoir pris toutes les précautions pour se mettre à l'abri du reproche qu'il fait lui-même à ses Confrères, quoique l'Auteur garde l'incognito dans cette Edition comme dans les autres, son portrait gravé & vendu, quoique séparément, le met dans l'impossibilité de désavouer son Ouvrage, & ôte jusqu'au plus petit soupçon de fraude.

---

(1) Avertissement, lignes 8 & 9.
(2) *Ibid.* lig. 10 & 11.

Le Public malgré cela n'est pas entièrement rassuré à ce sujet, & certains Critiques prétendent que M. l'*Abbé R.* n'est nullement l'Auteur de l'Ouvrage duquel l'Editeur lui fait honneur; outre que ces Critiques assurent qu'il doit être le fruit du travail d'une société de *Philosophes Politiques*, ils ne pensent pas que M. R. donnant cet Ouvrage comme de lui, eût empêché que son portrait fût mis à la tête, & vendu conjointement avec son Livre, s'il en étoit véritablement Auteur; il faudroit donc, ajoute-t-on, que M. l'Abbé eût voulu passer pour Auteur de l'Histoire Philosophique & Politique, & qu'en même tems il eût voulu se réserver le droit de la méconnoître pour son Ouvrage, ce qui seroit une puérilité peu digne de la sincérité & de la franchise Philosophique; il est plus vraisemblable que le Libraire de la Haye, sur l'opinion de quelques Littérateurs, a de son chef & de sa propre autorité, annoncé l'Ouvrage comme sorti de la plume élégante de l'Auteur de l'*Histoire du Parlement d'Angleterre*; ce seroit, à la vérité, un attentat impardonnable à tous égards, si MM. les Libraires n'étoient en possession d'en commettre dans ce genre de plus énormes encore, pour donner plus de vogue aux Ouvrages anonymes dont ils se chargent.

Une preuve qui paroît décisive par rapport à la mauvaise foi des Editeurs, en général & en particulier, contre les Editeurs de l'Histoire Philosophique & Politique, c'est que je viens de recevoir dans ce moment un avis imprimé dans lequel un nouvel Editeur se présente sur les rangs à *Copenhague*, dans lequel il fait une courte critique de l'Edition in-8°. en 7 Vol. chez *Gosse*, fils, à la Haye 1774, dans lequel il annonce celle qu'il prépare avec des augmentations surtout au Tom. II. Livre V, au sujet de la Compagnie Royale Asiatique de *Danemarck*, augmentations qui ne se trouvent pas ailleurs, & dans lequel enfin, il se flatte de faire son Edition d'après l'Edition originale sans nul retranchement. Quel des deux Editeurs doit-on en croire dans un fait avancé si contradictoirement de part & d'autre? Un Lecteur judicieux ne les croira ni l'un ni l'autre, & conclûra avec raison, qu'ils ne sont que deux *Charlatans* qui cherchent à s'achalander & à se détruire mutuellement.

Quel que soit l'Auteur de cette Histoire, elle n'en est pas moins une production trop volumineuse pour le sujet annoncé; & l'augmentation considérable faite dans la nouvelle Edition, ne la rend ni plus intéreffante, ni plus précieufe, puifque dans le fond cette augmentation n'ajoute rien de nouveau aux premières Editions ; on doit donc regarder l'augmentation faite comme un développement des principes de la Philofophie & de la Politique que cette Hiftoire renferme : des gens de goût affurent que ce développement étoit très-inutile : ils préférent même l'Edition d'Amfterdam de l'année 1770, quoique moins ornée que la nouvelle ; il ne nous appartient pas de décider cette queftion importante ; mais après avoir lû attentivement l'une & l'autre de ces Editions, j'ai cru avec quelques refpectables amis, que *les Etabliffemens & le Commerce des Européens dans les deux Indes,* n'avoient pas été choifis pour faire le véritable fujet d'une Hiftoire très-intéreffante d'ailleurs, fi l'Hiftorien s'étoit renfermé dans les bornes de la narration hiftorique. Il n'eft pas poffible, en effet, de se tromper fur le véritable motif auquel cet Ouvrage doit fon origine : les traits de reffemblance, avec tant d'autres productions de la Philofophie moderne, font trop frappans pour que cette mere féconde puiffe le méconnoître elle-même.

Des plumes plus énergiques & plus légéres

que la mienne, ont entrepris de découvrir tout le venin caché sous la rapide éloquence des nouveaux oracles du genre humain, mais le mal a pris de si profondes racines, que les généreux efforts des défenseurs de la vérité n'ont pas opéré tout le bien qu'ils devoient s'en promettre : les Philosophes modernes conservent encore tout leur crédit parmi un certain monde trop corrompu pour désavouer des principes qui favorisent le libertinage de l'esprit & du cœur.

Je sens d'avance combien la tâche que je m'impose est au-dessus de mes forces à certains égards ; si je n'ai pu éviter le reproche de témérité dans l'Analyse que j'entreprends, je suis assuré au moins de m'être mis à l'abri de celui d'infidélité dans les différens extraits que je fais de l'*Histoire Philosophique & Politique*. J'ai pensé que le moyen le plus aisé pour moi d'en réfuter l'Auteur, étoit de l'opposer à lui-même dans les endroits où il a eu l'imprudence de se contredire : j'ai cru encore que je pouvois, sans m'engager à rien de trop, dégager ses assertions des enveloppes transparentes qu'il paroît ne leur avoir donné de tems en tems que pour leur applanir les obstacles qu'elles pourroient rencontrer dans l'esprit & dans le cœur de certains
Lecteurs

Lecteurs : les nudités alarment encore la pudeur, quoiqu'il ne soit besoin que d'une légere gaze pour la rassurer ; c'est uniquement en levant ce voile trop clair, que j'ai prétendu faire l'apologie de la raison, du bon ordre, des Loix, & sur tout de la Religion Chrétienne, qui m'ont paru également outragés par l'*Historien Philosophe*. Un cœur vrai, droit & vertueux, peut-il voir sans émotion le Fanatisme mettre la torche ardente à la main de tous les peuples de l'Univers, pour l'embraser, sous prétexte d'y rétablir une égalité parfaite entre tous les hommes sans distinction ? Peut-on voir de sang-froid ces prétendus *Sages du monde* affermir dans la main des sujets le poignard meurtrier, & les encourager à l'enfoncer dans le sein de tous les Souverains de la Terre, qui ne sont aux yeux des nouveaux Philosophes que des tyrans détestables, qu'on doit s'empresser de précipiter en bas du Trône ? Oui, Souverains de l'Univers, quels que vous puissiez être, justes, bons, pacifiques, n'importe, vous êtes proscrits par la nouvelle Philosophie ; les cris de la Liberté & de la Nature doivent réunir tous les hommes ; vous devez leur rendre la *liberté* ou périr sous leurs coups ; faites leur juſtice, ſi vous ne voulez pas les forcer de ſe la faire eux-mêmes.

Si l'on jette un coup-d'œil ſur cette Analyſe, on ſe convaincra aiſément que je n'exagère rien, pas même les expreſſions. J'abhorre autant l'infamie du dangereux détracteur, que la baſſeſſe du vil adulateur.

LE titre de l'*Hiſtoire Philoſophique & Politique* renferme une diviſion trop naturelle & trop exacte de tout l'Ouvrage, pour ne pas la ſuivre dans l'Analyſe que j'en fais : je conſidere donc dans ce Livre trois parties, qui, réunies enſemble, en font tout le ſujet ; l'Auteur n'a pu ſe diſpenſer de les confondre dans le corps de l'Ouvrage ; ſans cela il eût été ſans liaiſon comme ſans agrément : n'ayant pas les mêmes raiſons que lui, je les déſunirai un moment, pour les conſidérer chacune en particulier. La partie *Hiſtorique* & la partie *Politique* ne ſont pas l'objet principal de mon travail ; il me paroît d'ailleurs qu'elles n'offrent que quelques réflexions générales à faire, & quelques bévues à relever. Comme il est certain que la partie *Philosophique* a occupé principalement l'Auteur, c'est aussi celle dont je veux faire le sujet principal de cette Analyse. Je ne considère même les deux premières dans l'intention de l'Auteur, que comme une liaison nécessaire pour donner quelque consistance à la dernière : on peut, ce me semble, les regarder comme un *Canevas*, sur lequel l'Auteur, après avoir dessiné d'une main hardie ses idées sur la Nature & sur la Liberté de l'homme, sur la Morale & sur la Vertu, a rempli les contours du dessein par des faits historiques & politiques, par rapport *aux Etablissemens & au Commerce des Européens dans les deux Indes* : ce remplissage lui a paru sans doute le plus propre à faire sortir les couleurs qu'il a employées pour peindre la *bienfaisante Philosophie* qu'il préconise, & qui, selon ses Sectateurs, mérite seule d'avoir des Temples dans l'Univers entier.

De la partie historique.

Je l'ai déja dit, je n'ai qu'une observation générale à faire sur cette partie.

Nous devrions, ce semble, être instruits à

fonds sur tout ce qui concerne les différens Peuples de l'Inde & du nouveau Monde ; mais par une fatalité déplorable, ce qui devroit répandre le plus grand jour sur l'histoire de ces pays éloignés, y répand au contraire les plus épaisses ténébres : les Voyageurs & les Missionnaires qui ont parcouru ces vastes régions, s'accordent si peu dans les observations qu'ils ont faites, qu'on a de la peine à croire, en lisant leurs relations, que ce soit du même pays & des mêmes Peuples qu'ils nous parlent. C'est cette multiplicité de relations historiques, qui par leur frappante contradiction, met un obstacle presqu'insurmontable à la découverte de la vérité : perpétuellement en contradiction les uns & les autres, les Voyageurs dans les deux Indes semblent s'être entendus pour jetter dans les plus grandes incertitudes ceux qui n'ont pu ni voir, ni examiner par eux-mêmes. Un Historien qui veut essayer de débrouiller ce cahos, ne doit marcher dans ce labyrinthe tortueux que le flambeau de la saine critique à la main ; il ne doit avancer qu'avec la plus grande circonspection dans ce sentier difficile, & il ne peut espérer d'arriver au sanctuaire de la vérité, qu'après avoir franchi des précipices aussi multipliés que dangereux : l'Auteur de l'*Histoire Philosophique & Politique* paroît avoir été plus hardi que bien d'autres qui l'avoient devancé ; le ton affirmatif qu'il prend dans toute la suite de sa narration, feroit penser qu'il a été plus heureux que tous ceux qui ont cherché à déterrer la vérité, ensevelie sous un amas prodigieux de fables & de rêveries, fabriquées, ou tout au moins adoptées sans discernement par des Voyageurs infidéles ou peu instruits; rien ne l'arrête, il ne forme presque aucun doute sur les faits qu'il raconte, & presque aucune de ses nombreuses discussions, ne porte sur les faits historiques, de façon qu'on diroit qu'il a tout vu, tout examiné par lui-même ; l'obscurité des siécles les plus reculés, même de ceux qu'il lui plaît de compter long-tems avant l'époque ordinaire de la création du monde, cette obscurité, dis-je, ne l'empêche pas d'y lire tous les événemens avec la même facilité que nous appercevons ceux qui se passent sous nos yeux; ce monde lui paroissant trop jeune, il le vieillit à son gré, & le ton d'autorité avec lequel il fait vivre le premier législateur des Indiens, long-tems avant *Adam*, feroit croire qu'il est lui-même contemporain de *Brama* ; qu'il est originaire des Indes, & qu'en nous donnant l'histoire de cette partie de l'Asie, il nous donne l'histoire de sa patrie; c'est plutôt en témoin oculaire qu'il narre, qu'en Historien ordinaire: mais comme il n'est pas possible de croire que l'Auteur ait été conservé exprès sur la Terre pendant si long-tems pour être l'Historien de l'Inde, & que d'ailleurs on sait positivement qu'il n'y a même jamais voyagé, on doit naturellement être plus en garde contre sa narration, que contre celle de tout autre qui auroit apporté plus de soin dans la discussion des faits, & moins d'affectation à les noyer dans un océan de réflexions *politiques* & *philosophiques*.

Outre cette premiere réflexion sur la fidélité de l'Historien, & sur la vérité de l'Histoire philosophique & politique, il s'en présente une seconde non moins naturelle: l'Auteur n'a pu composer la partie historique de son livre, que sur les Relations, ou sur d'autres matériaux du même genre; & comme ses différentes piéces, par leur contradiction sur les points les plus fondamentaux, & les plus généraux, ne méritent qu'une croyance circonspecte, il paroît naturel, qu'on ne doit pas en accorder une plus entiere à tout le corps de l'Histoire, évidemment composé de toutes ces piéces de rapport, ajustées sans critique, & de temps en temps sans proportion.

J'aurai soin dans l'Analyse de la partie *philosophique*, de relever les bévues historiques dans lesquelles notre Historien est tombé trop souvent, sans doute pour s'être plus attaché aux réflexions qu'au sujet : j'aurois été forcé d'extraire plusieurs fois les mêmes lambeaux de son livre, si j'avois relevé ici ses fautes purement historiques, ce qui auroit rendu mon travail beaucoup plus long, & moins agréable au Lecteur.

De la partie politique.

On remarque dans cette seconde partie beaucoup plus de soin & d'attention de la part de l'Auteur : on peut même dire, qu'il est entré dans des détails étonnans : ses calculs, ou pour mieux dire la balance générale & particuliere du commerce des Nations Européennes dans les deux Indes, qu'il paroît avoir travaillée avec autant de soin que d'intelligence, prouve, que toutes les Compagnies des Indes lui ont ouvert leurs livres ; il faut croire, qu'il lui a été permis de copier à son aise le résultat des différentes opérations de ce commerce immense, &

qu'enfin, après des recherches infinies, il a pu en liquider les profits pour chacune des Compagnies en particulier, jusqu'à la précision des livres, fols & deniers. Plus ce travail paroît difficile, ou même impossible, plus aussi la gloire qui revient à l'Auteur d'en avoir surmonté les difficultés, est flatteuse pour lui; car il seroit absurde de penser, que tous ses calculs bien circonstanciés, n'ont de réalité que dans son imagination, & qu'ils n'ont été faits, que sur des probabilités & des oui-dire. Un Philosophe pourroit-il travailler sur des probabilités? Ces Messieurs ne marchent qu'à la lueur du flambeau de l'évidence; & les oracles de la vérité ne donnent jamais de simples possibilités pour des faits constans. Quoi qu'il en soit, j'aime mieux en croire sur sa parole notre politique Calculateur, que d'entreprendre une vérification impossible. Tout le monde ne peut pas se promettre d'arracher le secret aux différentes Nations Européennes qui commercent dans l'Inde; peut-être même sont-elles obligées de le garder pour plus d'une raison. Seroit-il aisé par exemple, à un simple Particulier, de savoir au juste, quel est l'état actuel de la Compagnie d'Angleterre? il paroît, que si elle le sait elle-même, tout l'engage de n'en faire part à personne. Seroit-il plus facile de gagner la confiance des Hollandois à ce sujet ? Un Etranger curieux obtiendroit-il la permission de vérifier les livres des deux Compagnies établies dans cette heureuse République ? il faudroit bien mal connoître la Nation, pour s'attendre à une pareille condescendance : quelque florissant que soit le commerce des Compagnies Hollandoises, elles n'en feront jamais parade aux yeux de l'Europe ; le Hollandois a toujours joui sans ostentation ; c'est même sur ce principe de modération & de décence, que paroît porter tout le système politique de la République ; on pourroit conjecturer qu'il doit être la base solide de sa gloire comme la seule cause de sa stabilité.

La Compagnie Françoise, par sa chute, a laissé voir à découvert toute la suite de ses opérations ; il a été aisé de remonter à la cause de sa ruine ; les politiques lui ont fait le procès, ils lui ont indiqué après sa perte, la route qu'elle auroit dû tenir pour ne pas échouer ; mais tout ce qu'on a dit à ce sujet, étoit aussi inutile que facile à développer ; les fautes énormes qui ont accéléré sa perte, indiquent d'elles-mêmes ce que cette Compagnie auroit dû faire pour les éviter ; elles sont même de nature à ne pouvoir être réparées que très-difficilement.

Je dois faire une seconde réflexion sur les fautes politiques, que l'Auteur reproche aux différentes Nations Européennes qui commercent dans l'Inde.

Il paroît d'abord que notre Historien politique se plaît à les multiplier, & j'aurai soin de faire observer dans les différens extraits de son ouvrage, que ce qu'il appelle *faute politique*, ne l'est certainement pas : en second lieu, il ne paroît pas distinguer avec assez de soin les fautes des différentes Compagnies commerçantes, de celles de leurs différents Agents : ces dernieres sont certainement les plus nombreuses. Un plan de politique dont il faut nécessairement confier l'exécution dans des pays très-éloignés à des subalternes, presque toujours intéressés à ne le suivre qu'en partie, ne produit jamais tous les heureux effets qu'on s'en promet ; n'est-il donc pas injuste d'en rejetter la faute sur celui qui l'a conçu ? l'infidéle administrateur n'est-il pas le seul à blâmer ? Rarement les intérêts d'un Agent sont d'accord avec ceux de son Commettant ; plus rarement encore les Gouverneurs dans les différents établissements des deux Indes suivent à la lettre les ordres qu'ils reçoivent de leurs Souverains: la conduite des premiers ne pouvant être éclairée de près, ils établissent leur agrandissement & leur fortune particuliere, sur des ordres imaginaires, & ils le peuvent d'autant plus aisément, qu'ils sont comme assurés de l'impunité, quand bien même ils seroient découverts. Que d'exemples ne pourrois-je pas rapporter? Combien n'a-t-on pas rappellé de Gouverneurs, ou d'Intendans pour leur faire rendre compte de leur administration? & combien aussi, qui auroient mérité d'être punis de leur infidélité, ont été renvoyés absous? Les richesses immenses que les premiers Agens des établissemens dans les deux Indes peuvent accumuler, les mettent à même de détourner tous les orages qui pourroient gronder sur leur tête; ils peuvent aisément suivre leurs idées particulières dans l'administration qui leur a été confiée, en laissant à l'écart le plan qu'on leur a prescrit, lorsqu'il n'est pas d'accord avec leur avantage personnel; je dis plus, & j'avance sans craindre de me tromper, que les biens considérables accumulés par les Gouverneurs des Colonies, les mettent en état de forcer leurs Souverains, d'adopter en partie leurs systêmes particuliers d'administration, au préjudice même des différentes Compagnies de commerce : est-il donc si difficile de gagner les trois ou quatre premières personnes qui tiennent le tymon des affaires dans chaque Etat particulier de l'Europe ? On résiste rarement à l'appât séduisant d'un intérêt réel & présent : les Chefs étant séduits, ne comprend-on pas, que tous les intéressés qui leur ont donné leur confiance, sont obligés d'approuver tout ce qu'on leur propose, & de se contenter des répartitions qu'on leur fait ? Il est impossible de s'appercevoir qu'on est trompé, plusieurs années ne suffisent pas pour liquider des comptes qui ont tant de branches & tant de rapports différens ; les balances qu'on peut faire chaque année, ne sont que provisoires, & je doute que la balance générale & définitive soit possible.

Que de peines n'a pas dû se donner l'Auteur de l'Histoire Politique & Philosophique, pour débrouiller ce cahos ? Quelle sagacité ne devons-nous pas lui supposer, pour avoir pu mettre de l'ordre, de la netteté & de la précision dans les différens comptes que les divers Etats de l'Europe ont dû lui fournir ? Je dois, en troisième lieu, faire remarquer ici, l'affectation indécente de l'Auteur à rejetter sur la Religion Chrétienne presque toutes les fautes de politique, commises par les différens Etats Européens dans le commerce de l'Inde : les Espagnols & les Portugais sur-tout lui paroissent avoir plus péché par cet endroit, que tous les autres : mais ces fautes, fussent-elles aussi réelles qu'elles sont douteuses, faudroit-il pour cela en rejetter la cause sur la Religion ? Faut-il la vilipender & la représenter comme un monstre né pour détruire la société, anéantir la Nature, & affoiblir la raison, parce que quelques Ministres, indignes de prêcher l'Evangile, ont souvent agi par d'autres motifs que ceux qu'un zèle Apostolique auroit dû leur inspirer ? Quoi, parce que des Chrétiens intéressés & avides de l'or, auront abusé du pouvoir qui leur a été confié, & que sous prétexte de religion, ils auront commis des excès & des cruautés, que la religion même désavoue, faut-il pour cela présenter la Loi Evangélique comme dictée par le Fanatisme ? Faut-il la traiter de Loi sanguinaire ? Faut-il en un mot l'annoncer, comme une Loi barbare, qui tend à captiver la raison, & à enchaîner la liberté ? la Philosophie moderne apprend-elle donc à raisonner si mal? ou n'a-t-on jamais bien raisonné, avant que ses principes ayent appris à former le jugement ? Encore un coup, on ne nie pas, que les Millionnaires d'accord peut-être, & en partie, avec les Gouverneurs envoyés aux Indes, n'ayent abusé de leur pouvoir, & de leur ministère ; on ne peut pas malheureusement se dissimuler leurs malversations & leurs crimes, que le prétexte des conversions métamorphosoit à leurs yeux en devoir, peut-être même en vertu ; toutes les personnes de bon sens se réunissent pour condamner ces infâmes prévaricateurs ; un cœur véritablement Chétien se feroit un honneur de leur jetter la première pierre; mais il n'y a qu'un Philosophe moderne, qui proscrive la Religion chrétienne, & qui s'attache à lui porter les coups les plus rudes comme les plus inutiles.

J'aurai occasion de le démontrer dans les citations qui suivront, & dans lesquelles on verra plus d'une fois, que notre Historien paroît pleinement convaincu, que la Religion a ruiné la plûpart des établissemens dans les deux Indes, & qu'elle empêche encore aujourd'hui, que ceux qui y subsistent, ne soient plus florissans.

Mais accordons pour un instant à notre Politique, que son système est à tous égards au-dessus de celui qu'on a suivi jusqu'à présent en Europe ; convenons que l'exécution de son plan donneroit un profit réel & des avantages considérables aux Etats commerçans dans l'Inde ; en un mot, adoptons ses idées pour les substituer à celles de tant de personnes aussi éclairées, qu'intéressées à la prospérité du commerce de l'Inde : seroit-il facile de substituer ce nouveau système à l'ancien ? ne seroit-il pas même impossible ? Deux raisons paroissent en démontrer l'impossibilité : la première est fondée sur les principes même de l'Auteur ; selon lui la Religion Chrétienne est un obstacle réel à l'utilité & à l'avantage du commerce de l'Inde, il faut donc commencer par l'y détruire, & la détruire ensuite chez les Nations de l'Europe qui font ce commerce ; cet anéantissement est-il possible ? Non certainement. Ce n'est pas seulement, parce que l'Auteur de cette Religion divine lui a assuré une durée aussi longue, que celle des siécles qui doivent s'écouler, jusqu'à la destruction de toutes choses, mais parce que, humainement parlant, les révolutions qu'il faudroit préparer pour cette destruction imaginaire, ne pourroient avoir une heureuse issue ; ne pouvant pas naturellement compter sur une persuasion & une conviction générales dans tous les hommes qu'il faudroit désabuser à cet égard, que

de sang inutile ne seroit pas obligé de répandre le monstre qui entreprendroit par la force une réforme si peu possible ? Mais n'approfondissons pas une preuve de cette nature contre un adversaire qui a autant d'horreur que nous, du tableau ensanglanté qu'il faudroit lui représenter ; rendons justice à la Philosophie moderne ; elle déclame avec autant de force que de raison, sur les cruautés que le Fanatisme de Religion a exercées dans les derniers siècles ; on désireroit seulement, qu'elle fût aussi équitable par rapport aux premiers siècles de l'Eglise, & qu'elle ne fît pas l'Apologie indécente des Payens, persécuteurs implacables des premiers Chrétiens. La seconde preuve n'est ni moins claire, ni moins sensible : pour changer avec fruit le système Politique des Nations Européennes qui ont des établissemens dans les deux Indes, il faudroit qu'elles travaillassent de concert à former un nouveau plan qui leur fût commun à toutes ; & qu'ensuite chacune dirigeât ses opérations particulières, relativement au plan général ; il est au moins permis de douter, que cet accord merveilleux soit possible, dans l'ordre moral, entre des Nations rivales autant par intérêt que par inclination : mais cette di-
versité

versité d'intérêts; disons mieux, cette rivalité & cette jalousie, ne sont-elles pas elles-mêmes l'ame de ce commerce immense? Et en ne considérant que l'utilité, & le profit qui en reviennent à ceux qui ne sont pas intéressés directement dans ce commerce, ne vaut-il pas mieux laisser les choses dans l'état où elles sont? Si l'accord des différentes Compagnies pour l'adoption d'un nouveau plan, n'est qu'un projet chimérique, quelle est la Nation en particulier, qui pût prudemment suivre les conseils que l'Historien Politique prend la peine de lui donner? En effet pendant le tems qu'une Nation qui aura adopté le plan qu'on lui présente, simplifiera les envois, cherchera à diminuer les frais qu'elle fait annuellement, pendant qu'elle se frayera de nouvelles routes, qu'elle formera de nouveaux entrepôts, & qu'elle remettra le bon ordre dans les anciens, les retours diminueront sensiblement dans ces commencemens de réforme; & les Nations rivales, suivant leur ancien train, étendront leur commerce de plus en plus; elles saisiront les petites branches qu'on leur aura nécessairement abandonnées, & en fortifiant leur crédit, elles augmenteront leurs fonds : les objets de leurs échanges s'étant multipliés, leur correspondance s'étant étendue, la Nation qui aura embrassé la réforme, en perdant beaucoup de temps pour l'établir solidement, n'aura plus la même occasion de faire circuler un capital assez considérable pour en retirer un profit égal à celui qu'elle faisoit avant d'avoir changé son système Politique : il résultera en un mot, que ce nouveau plan admirable dans la spéculation, ruinera la Compagnie dans la pratique, & qu'enfin il ne lui restera qu'un commerce foible & languissant.

Ce seroit ici le lieu d'examiner s'il est vrai que les priviléges exclusifs sont aussi injustes de leur nature, qu'ils sont destructifs du commerce: il se présenteroit bien des réflexions à faire sur une question aussi importante ; je ne la traiterai cependant que très-succintement, & je me contenterai de jetter quelque doute sur une opinion avancée avec la plus grande confiance, & repétée avec la plus grande affectation.

Un Souverain, quel qu'il soit, a-t-il le droit d'établir, dans les Etats qu'il gouverne, des Loix qu'il croit de bonne foi tendre au bien général de la société ? Un Souverain peut-il, de sa propre autorité, contraindre tous les individus qui vivent sous son gouvernement, à concourir chacun de leur côté au bien public? Un Souverain, en un mot, peut-il encourager le zéle des Citoyens qui se dévouent au service de la partie par des entreprises aussi grandes qu'utiles? Il me paroît que la justice, ou l'injustice des priviléges exclusifs, accordés aux différentes Compagnies de commerce, est fondée sur la véritable réponse à ces trois questions. L'Auteur de l'Histoire Philosophique & Politique y répond négativement dans plusieurs endroits de son livre; aussi se récrie-t-il beaucoup contre l'injustice des priviléges exclusifs: mais pour pouvoir adopter sa réponse, il faut la déduire du même principe que lui; par conséquent il faut établir avec lui, que la société ne doit reconnoître ni Souverain, ni Gouvernement, & que l'homme étant libre de sa nature, il ne doit être assujetti à aucune espéce de subordination; il faut en un mot avancer ce paradoxe aussi ridicule que dangereux, *que toute domination est une véritable tyrannie.*

Ces mêmes priviléges détruisent-ils le commerce au lieu de le protéger & de le rendre utile? La réponse affirmative de l'Auteur paroît fausse, par rapport à la généralité: & les motifs sur lesquels il la fonde, paroissent au moins équivoques & douteux. Il assure premiérement, que ces priviléges ne peuvent être favorables à certains particuliers, qu'en excluant le plus grand nombre des Citoyens du commerce des Indes; ce n'est ici qu'un sophisme évident pour quiconque sait qu'aucun Citoyen n'est formellement exclu de prendre part à ce commerce, & qu'au contraire on a toujours fortement invité tous ceux que leurs facultés mettent à même d'y entrer; mais malheureusement ce n'est que le très-petit nombre qui puisse se passer pendant un temps considérable, des fonds nécessaires, pour pouvoir avoir une portion raisonnable dans ces entreprises immenses : ces priviléges exclusifs énervent l'émulation, dit encore notre Auteur, & l'émulation est l'ame du commerce; fort bien : mais il est dommage qu'il manque de la justesse dans ce raisonnement; outre qu'il est certain, que rien n'est plus propre à piquer l'émulation, que les priviléges. En quoi l'émulation des Citoyens est-elle énervée, lorsqu'ils sont vivement sollicités d'entrer en part dans le commerce, & que ceux à qui leur fortune défend d'y prendre part, peuvent néanmoins profiter des avantages généraux qui en résultent en faveur de toute la Nation ? Ces privileges privent la société de quantité d'excellens Négocians, à qui il ne faudroit que des occasions, pour développer de grands talens : cette assertion n'est pas moins ridicule que les précédentes, puisqu'elle porte sur la même supposition qui est évidement fausse ; l'association à la Compagnie établie, étant permise sans restriction à tous les Citoyens assez riches pour y entrer, tout Intéressé qui veut faire son occupation principale du commerce des Indes, peut en développant des talens réels, mériter la confiance de ses associés, & se rendre aussi utile à ceux-ci qu'à l'Etat, en parvenant à l'administration des affaires de la Compagnie.

L'objection de l'Auteur auroit quelque solidité, si un seul Négociant étoit assez riche pour entreprendre sans associés, un commerce de cette étendue, & pour rivaliser avec une compagnie, parce qu'alors toutes les peines qu'il se donneroit, tourneroient à son profit particulier ; enfin on ajoute, que les priviléges exclusifs gênent la circulation des espèces, qui sortiroient avec abondance de certains coffres forts, où elles sont inutilement ensevelies, par la défense d'ériger d'autres Compagnies de commerce, & la

C iij

nécessité d'entrer dans celle qui étoit autorisée par l'Etat. Si l'on vouloit se former une idée juste du caractére de ces ames de boue qui accumulent dans un coffre l'or & l'argent, & qui ne seroient pas même satisfaites lorsqu'elles en auroient tari la source dans l'univers entier, on attribueroit à d'autres motifs qu'à celui des priviléges exclusifs, l'opiniâtreté invincible de certains Crésus, à conserver leurs espéces, & l'on concluroit avec plus de raison, que l'or & l'argent étant le Dieu de ces avares crapuleux, ils ne veulent pas se priver de l'insipide avantage de rendre un culte idolâtre & journalier à leurs trésors : leur fut-il permis mille fois d'ériger des Compagnies de commerce, ils ne s'empresseroient pas pour cela davantage à grossir le torrent de la circulation; un vaisseau qui partiroit pour les Indes sous les auspices d'une Compagnie non privilégiée, n'arracheroit pas plus leur confiance, que les petites flottes qui partent sous la protection du Gouvernement; en un mot, les abîmes de la mer toujours ouverts à leur imagination, leur paroissent toujours prêts à engloutir leur fortune, soit que le commerce des Indes se fasse de telle façon, ou de telle autre.

Mais tâchons de conjecturer ce qu'il arriveroit, si les Compagnies de commerce perdoient leurs priviléges exclusifs dans un Etat de l'Europe ; tâchons de deviner quelle seroit la position de cet Etat, si ce prétendu obstacle étant levé, la manie d'ériger des Compagnies particuliéres pour le commerce de l'Inde, venoit à y dominer, sans que le Gouvernement eût rien à prescrire aux Intéressés. Mais apprenons-le de l'Auteur lui-même, avant de hasarder nos conjectures.

» Le succès de son voyage (de *Corneille*
» *Houtman*) excita une nouvelle émulation ; il
» se forma de nouvelles sociétés dans la plûpart
» des villes maritimes & commerçantes des Pro-
» vinces-Unies. Bien-tôt ces associations trop
» multipliées se nuisirent les unes aux autres
» par le prix excessif, où la fureur d'acheter
« dans l'Inde, & par l'avilissement, où la néces-
» sité de vendre en Europe, les fit tomber. Elles
» étoient toutes sur le point de périr par leur
» propre concurrence..... dans cette conjonc-
» ture le Gouvernement, quelquefois plus éclairé
» que des particuliers, vint à leur secours. (1) «

---

(1) Hist. philos. & polit. tom. 1. p. 202 & 203.

C iv

Des entreprises de cette nature demandent des fonds considérables, pour fournir aux avances aussi indispensables qu'exorbitantes, qu'exige l'équippement des navires destinés à aller chercher les richesses de l'Asie pour les porter en Europe ; plus ces entreprises seroient nombreuses, & plus aussi il faudroit commencer par épuiser l'Etat d'espéces circulantes, pour acheter de l'Etranger ce qui manqueroit à la Nation, soit pour la construction des vaisseaux, soit pour leurs agrès, soit pour leur cargaison, soit enfin pour leur approvisionnement : car quelle est la Nation de l'Europe qui peut se passer de ses voisins, je ne dis pas pour équipper une petite flotte, mais même pour mettre en mer un seul petit navire ? Eh ! ne sait-on pas, que chaque nation n'a en particulier, que la plus petite partie de ses besoins à ce sujet ! Ce premier inconvénient est d'autant plus considérable, que le temps nécessaire pour le retour des navires en Europe, est plus long ; il est même trop sensible pour le méconnoître, puisque l'Etat manquant d'une quantité suffisante d'espéces, le commerce intérieur doit languir, ou même être absolument suspendu, pendant la durée d'un voyage, dont le succès est toujours incertain. Eh ! qui ne voit que l'interruption de ce commerce usuel & journalier, doit entraîner la ruine de la plus grande partie des Citoyens ; car il est évident, que le nombre des *Commerçans en détail* (qu'on me passe cette expression triviale) est dans la même proportion qu'*un* est à *mille*, par rapport au nombre de ceux qui pourroient entreprendre un commerce solide dans l'Inde.

Mais perdons de vue pour un moment l'intérêt réel de l'Etat, & n'envisageons que celui de ses différentes Compagnies que nous supposons établies sans priviléges : il paroît incontestable, que toutes ces Compagnies doivent se nuire mutuellement.

1°. Avant le départ de leurs flotilles, par la nécessité indispensable dans laquelle elles seront d'acheter à un très-haut prix, toutes les choses nécessaires à leur équippement, il est de régle, que plus il y a de concurrens dans un achat, plus aussi le vendeur se prévaut de leur rivalité.

2°. Elles se nuiront encore davantage après l'arrivée de leurs navires à leur destination : les Nations avec lesquelles elles seront obligées de traiter de leur échange, n'ignorant pas l'intérêt de ces différentes Compagnies à le conclure au plutôt, ne manqueront pas de donner un prix très-bas aux objets qu'on leur offrira, & d'en donner un très-haut à ceux qu'elles présenteront en retour; dans ce cas, quel des deux traitans fera la loi à l'autre ? Sera-ce celui qui ne peut souffrir sans un dommage réel un retardement, qui enfin occasionneroit sa perte ? Ou sera-ce celui, qui avec un peu de patience, est assuré de faire un échange avantageux en forçant l'autre par sa fermeté, à se livrer à sa discrétion ? La présomption paroît en faveur du dernier.

3°. Ces Compagnies ne seront pas plus heureuses au retour de leurs vaisseaux, la vente de leurs cargaisons ne pouvant pas être avantageuse: puisqu'il est évident, que les Compagnies particuliéres se trouveront vis-à-vis des Européens dans la même situation qu'elles se sont trouvées vis-à-vis des peuples de l'Inde : la même rivalité, & la même nécessité dans la vente, rendront leur position très-critique; & leur perte comme assurée; si une Compagnie particuliére & privilégiée, dont les fonds sont immenses, doit craindre très-souvent ces inconvéniens, quel sujet de crainte pour des Compagnies particuliéres, qui par leur propre constitution ne peuvent choisir ni le temps des achats, ni le temps des ventes ! De cette impossibilité doivent naître naturellement, le dégoût, le découragement, & l'obligation d'abandonner graduellement des entreprises, qui, après avoir mis l'Etat à la gêne, en arrêtant la circulation des espéces, auront ruiné pour toujours quantité de bons Négocians, qui se seroient soutenus, ou en prenant part au commerce bien fait d'une Compagnie privilégiée & protégée par l'Etat, ou en continuant un commerce dans l'intérieur de l'Europe auquel ils devoient déja leur fortune.

Un homme sensé ne peut pas raisonnablement supposer que depuis les premiers établissemens dans l'Inde jusqu'à ce jour, tant de personnes intéressées à les améliorer, ayent méconnu leur avantage réel; peut-on croire, que depuis le fameux Portugais *Gama*, fondateur des premiers établissemens en Asie, il n'ait pas paru un seul homme dans le grand nombre de ceux qui ont suivi la route que ce fameux navigateur se fraya le premier, capable de penser, de voir, de combiner & d'arranger un plan avantageux au commerce de l'Inde? L'Angleterre & la Hollande n'auront pas produit un seul bon Politique à cet égard? Je me garderai bien de parler ici des autres Nations Européennes, trop viles &

trop méprifables aux yeux de l'Hiftorien politique, pour être mifes en parallele avec les deux autres qui n'ont pas perdu encore toute fon eftime. Je crois néanmoins, qu'il eft plus raifonnable de penfer, qu'il y a eu effectivement de grands hommes qui fe font fait une étude particuliere du bien de ce Commerce, qu'ils ont cherché à le rendre plus avantageux, en en fimplifiant les opérations, & qu'ils ont voulu réellement en écarter les grands obftacles qui ne paroiffent furmontables qu'à ceux qui travaillent dans leur cabinet d'après leurs feules idées : oui fans doute, ce n'eft ni les plans, ni les hommes capables de les réfléchir qui ont manqué, c'eft la feule impoffibilité de les adapter au fyftême général qui les a fait rejetter par des hommes auffi capables d'en goûter les proportions, que d'en appercevoir la malheureufe inutilité. Mais il n'arrive que trop fouvent que ces grands réformateurs, ces génies fpéculatifs & profonds n'ont trouvé que des chimères, après des lectures & des compilations auffi laborieufes qu'inutiles, après des réflexions profondes & des méditations accablantes, après enfin un travail long & opiniâtre. Il eft malheureux fans doute, de s'enfevelir dans un cabinet, pour n'enfanter que des *êtres de raison*; mais il est bien plus déplorable de porter l'opiniâtreté jusqu'à soutenir contre tout le monde, qu'on a servi la société, lorsqu'on ne lui a présenté que des absurdités ou des impossibilités morales; quel titre pour bien mériter des hommes !

De la partie philosophique.

On a convenu jusqu'à présent, qu'un Historien ne doit jamais prendre un ton dogmatique, & qu'il doit être extrêmement réservé dans ses réflexions; cette regle n'étoit pas faite sans doute pour l'Auteur de l'Histoire Philosophique & Politique, & il lui a été permis de s'en écarter, puisqu'il avoit plus en vue d'instruire l'homme de ce qu'il doit à la Société, & de ce que la Société lui doit, que de représenter dans un seul tableau tous les faits intéressans de l'histoire des Indiens, combinée avec celle des Européens, depuis que, par le commerce, l'histoire de l'Asie, de l'Amérique & celle de l'Europe ont des rapports essentiels entre elles. Il se justifieroit difficilement, si on lui reprochoit qu'il a plutôt cherché à éblouir les esprits, qu'à les instruire, & qu'en s'écartant mal-à-propos de la noble simplicité de l'Histoire par un style trop recherché, il en a rabaissé la majesté. En effet, on ne peut pas s'empêcher de s'appercevoir que la partie historique n'est qu'un beau cadre dans lequel il a habilement enchâssé les maximes de la philosophie moderne ; chaque artiste a sa façon particuliere de mettre en œuvre ses matériaux ; ce n'est même qu'en inventant de nouvelles proportions, & en trouvant de nouveaux rapports, qu'il peut aspirer à la gloire, autant qu'à la fortune. Les Apôtres de la philosophie qui ont précédé notre Ecrivain, sembloient avoir épuisé tous les différens arrangemens, & les différentes symmétries du système de l'irréligion : les uns, à l'exemple de *Bayle*, l'ont représenté aux hommes, en faisant élever des brouillards autour de la vérité, en conduisant le Lecteur docile à l'incrédulité : n'osant pas paroître formellement *impies*, ils se sont contentés de faire des Profélites à l'*impiété* ; d'autres, déposant le masque de l'hypocrisie, ont prêché l'erreur avec autant de clarté que d'impudence ; celui-ci écrivant sur la *Nature* qu'il ne définit ni ne connoît, l'a altérée & corrompue au point de la rendre méconnoissable ; l'autre méditant sur la *Liberté*, en a tellement exagéré les droits, qu'il n'a fait que des libertins en préconisant le libertinage : un autre cherchant à connoître l'homme, a cru n'appercevoir dans cette créature qu'une machine purement matérielle, qui doit se décomposer par le dérangement du ressort principal, pour rentrer enfin dans le néant, duquel le simple hasard l'avoit fait sortir; un autre enfin, cherchant à décomposer l'homme, sa foible raison ne pouvant lui rendre compte de l'union mystérieuse de l'ame & du corps, a mieux aimé avancer des paradoxes, que de captiver son entendement sous le joug de la Foi. En un mot, nous avons tant d'Ecrits sur la *Nature*, sur la *liberté*, sur *l'ame*, sur *l'homme*, & sur tant d'autres sujets philosophiques qui ne différent que par le titre, mais qui tous se réunissent au centre commun, que l'Auteur de l'Histoire philosophique & politique a cru devoir prendre un nouveau détour, & choisir un titre plus neuf pour piquer la curiosité, & exciter de nouveau le goût du Public. Ne parviendra-t-on donc jamais à émousser tout-à-fait ce goût, en ne lui présentant perpétuellement que le même mets ? mets qui doit perdre sa saveur & son attrait, par les différens déguisemens auxquels on l'assujettit.

La partie philosophique de l'Ouvrage que j'analyse, contient-elle

1°. Des blasphêmes formels contre la Religion Chrétienne ?

2°. L'Auteur y préconise-t-il le vice, & y déprime-t-il la vertu ?

3°. Les hommes y sont-ils puissamment encouragés & excités à s'élever contre tous les Souverains sans distinction ?

4°. Tout homme peut-il sans crime, & par conséquent sans remords, enfoncer le poignard dans le sein de son Souverain ? Le doit-il même ?

5°. Le Fanatisme de la liberté n'y encourage-t-il pas tous les hommes à secouer le joug des Loix : & à se soustraire à toute espece de gouvernement ?

6°. Enfin les principes qui y sont développés, ne conduisent-ils pas au désordre ou plutôt à l'embrâsement général de la Société ?

Je réponds affirmativement à ces six questions ; je soutiens même, que ces étonnantes assertions sont non-seulement en termes formels ou équivalens, dans le Livre de l'Histoire philosophique & politique, mais même que tout le Livre n'a été composé que pour expliquer & développer ces maximes détestables. Avant de m'accuser de calomnie, qu'on me lise, ou plutôt, qu'on

lise

lise l'Auteur lui-même dans les fidéles extraits que j'ai faits de son Ouvrage. Cette façon de le réfuter, est, je crois, la moins équivoque, comme elle doit être la plus sûre.

Extraits du Tome I.

„ C'est un malheur de connoître des Loix,
» des Gouvernemens & une Religion exclusive,
» pag. 8.

Un texte si clair n'a nullement besoin de glose: mais voyons quel est le malheur qui en résulte; apprenons-le de la bouche du Philosophe même : „ lorsque les Grecs connurent les Arts
» & le Commerce, il sortoient, pour ainsi
» dire, des mains de la Nature, ils avoient
» toute l'énergie nécessaire pour cultiver les dons
» qu'ils en recevoient; au lieu que les Nations
» de l'Europe avoient le malheur de connoître
» des Loix, des Gouvernemens, une Religion
» exclusive & impérieuse. Dans la Grèce (1) il

_____

(1) Un Philosophe moderne plus conséquent, sans être plus Chrétien que l'Auteur de l'Histoire philosophique & politique, ne fait pas un tableau si avantageux des Grecs, sortant des mains de la Nature. „ On dit que c'est
» sous ce prétexte qu'on étouffoit à Rome les *hermaphro-*

» trouva des hommes ; en Europe il trouva des
» esclaves, p. 7 & 8.

Tous les peuples ont eu sans doute leur siécle de barbarie comme nous ; les différentes hordes de Tartares, d'Iroquois, &c. que les Nations Européennes n'ont pu asservir, ne sont certainement pas esclaves comme les Européens ; ils ne connoissent *ni Loix, ni Gouvernement, ni Religion exclusive & impérieuse* ; néanmoins leurs talens sont encore bien peu de chose, & leurs connoissances très-bornées ; mais c'est sans doute parce que les Arts n'y ont pas encore pénétré, quoique depuis près de trois siécles, la quatrieme partie du monde soit en relation de Commerce avec l'Europe, qui à cet égard pourroit lui avoir été fort utile. Si cependant » les Arts pénétrent

---

» dites, selon un ancien Edit de *Romulus*, qui ordonnoit
» la mort des monstres : on ajoute que cette loi, ainsi
» que toutes les loix Italiques, étoit originaire de la Gre-
» ce, où l'on massacroit non-seulement les *androgynes*,
» mais aussi les enfans nés contrefaits, par une égale in-
» justice à l'égard des uns & des autres.... Ces pratiques
» de la vieille Nature auront été transplantées & con-
» servées dans les premieres sociétés avec les autres er-
» reurs politiques. « *Recherches philosophiques sur les Américains*, par M. de P***. t. 2. p. 92.

» un jour chez les Tartares & les Iroquois, ils
» y feront des progrès infiniment plus rapides
» qu'ils ne peuvent en faire dans la Russie &
» dans la Pologne, p. 8.

Pourquoi ne pas dire dans toute l'Europe sans restriction ? Le Philosophe raisonneroit plus conséquemment à ses principes, & l'assertion n'auroit pas été pour cela plus ridicule qu'elle l'est. L'Auteur que nous venons de citer dans la note, ne favorise certainement pas la prédiction en faveur des Iroquois. Ce Naturaliste très-éclairé, mais trop prévenu & trop dogmatique, paroît vouloir démontrer que tous les Américains sans distinction, sont incapables d'acquérir aucune espece de connoissance utile à la société; la foiblesse de leur organisation, suite nécessaire du vice du climat, dans lequel ces peuples innombrables respirent, s'y opposera toujours, jusqu'à ce que la Nature ait repris dans le nouveau continent sa premiere vigueur, supposé qu'elle n'y soit pas encore dans son enfance. *Recherches philos. sur les Américains Tom. II* en plusieurs endroits, mais particulierement, p. 162. & suiv. jusqu'à la p. 208.

L'Auteur qui a adopté dans presque tout le reste de son Ouvrage le sentiment du Philosophe que je cite contre lui, ne peut se refuser à la force de l'autorité que je lui oppose, encore moins se récusera-t-il à la sienne, lorsque bientôt je l'opposerai à lui-même.

„ L'espece humaine dégradée par les Romains
„ — *Constantin* mit tout dans un plus grand
„ désordre par deux Loix absurdes ; l'une, par
„ laquelle il déclaroit *libres* tous les esclaves
„ qui se feroient Chrétiens : cette Loi fut dictée
„ par l'imprudence & le Fanatisme, p. 9.

Un Philosophe politique qui auroit voulu éviter lui-même le reproche de Fanatisme, se feroit attaché à prouver l'absurdité & l'impiété de *Constantin*, en rendant la liberté aux esclaves qui se faisoient Chrétiens. Mais cela n'auroit pas suffi encore ; il eût fallu démontrer de plus, que ce qui étoit absurde & fanatique par rapport au premier Empereur Chrétien, feroit justice, équité, prudence & Religion même, par rapport à tous les Souverains d'aujourd'hui ; il eût fallu prouver que l'intérêt personnel autant que celui de l'Empire, devoit être plus cher à *Constantin*, qu'il ne doit l'être aux Souverains de nos jours ; enfin il falloit faire voir que *Constantin*, pour conserver son autorité & la transmettre toute entiere à ses successeurs, ne devoit, ni ne pouvoit rendre la liberté à certains esclaves, & que les Souverains de nos jours doivent non-seulement se dépouiller de leur autorité, mais même, qu'ils ne peuvent la retenir sans se rendre coupables d'injustice. Les droits de la Nature n'étoient-ils donc pas les mêmes du tems de *Constantin*, qu'ils sont aujourd'hui ? L'homme de son tems étoit-il né pour l'esclavage ? N'a-t-il reçu le précieux don de la liberté que dans des tems postérieurs à la naissance du Christianisme ? En un mot la Nature peut-elle se contredire au point d'autoriser l'esclavage sous le regne d'un Souverain, & de la condamner sous le regne de tous les autres ? Non certainement : il n'y a que celui qui l'interprête mal, qui puisse se contredire. La réflexion auroit été plus sensée, si l'Auteur avoit dit que *Constantin* avoit fait quelque chose en faveur de l'humanité, mais qu'il n'avoit pas fait assez, pouvant faire beaucoup davantage.

Le reproche qu'il fait à *Montesquieu*, n'est ni mieux fondé, ni plus conséquent. Ce n'est certainement pas aux deux Loix de *Constantin* en faveur du Christianisme, qu'on doit attribuer la décadence de l'Empire ; les grands Empires d'Orient qui s'étoient formés successivement avant l'Empire Romain, étoient tombés tous les uns après les autres, sans qu'on puisse en attribuer la cause à l'établissement du Christianisme, ni à l'abolition imprudente de l'esclavage.

„ Les peuples de l'Europe rejettés par l'es-
„ clavage & la consternation dans cet état d'i-
„ nertie & de stupidité qui a dû être long-tems
„ le premier état de l'homme, &c. " p. 11.

L'*inertie* & la *stupidité* ont dû caractériser l'homme pendant long-tems, c'est-à-dire, dans son premier état, partout ailleurs néanmoins, que dans la Grèce; car l'Auteur assure, comme nous l'avons déjà vu, que dans cette portion de la Terre, privilégiée sans doute, l'homme *sortant des mains de la Nature avoit toute l'énergie nécessaire pour cultiver les dons qu'il en recevoit*, p. 8.

Je me suis engagé à démontrer que l'Auteur se contredisoit lui-même; on doit voir que je commence à remplir mes engagemens; en supposant toutes fois, que l'*inertie* & la *stupidité* soient opposées à l'*énergie nécessaire* pour cultiver les dons qu'on reçoit de la Nature. Si les deux différentes assertions de l'Auteur ne sont pas un paradoxe, il faut changer les définitions, & il faut que les Philosophes aient la bonté de nous en donner de nouvelles.

» Le Président de *Montesquieu* fait honneur
» à la Religion Chrétienne (de l'abolition de
» l'esclavage,) nous oserons n'être pas de son
» avis «, p. 21.

Il est donc faux que *Constantin* fit une Loi absurde & imprudente, en donnant la liberté aux esclaves qui se feroient Chrétiens ; il est donc faux que cette Loi ébranla l'Etat ; il est donc faux que cette Loi ôta aux grands propriétaires les bras qui faisoient valoir leurs domaines ; mais si ces faits sont faussement attribués à *Constantin*, pourquoi l'Auteur lui-même les rapporte-t-il ? p. 9. Pourquoi en fait-il un crime à cet Empereur ? Mais outre cette contradiction évidente, la critique de l'Auteur est encore ici en défaut, comme dans bien d'autres endroits.

Est-il vraisemblable que les Papes n'aient autorisé cette Loi de *Constantin* que par un pur *effet de condescendance pour deux Monarques*, comme l'Auteur le dit formellement ? p. 21. Nous oserons à notre tour n'être pas de l'avis de l'Auteur : ce seroit bien peu connoître tout à la fois l'intérêt des Pontifes Romains, & leur zele pour la gloire du Christianisme en général ; ou pour parler plus correctement, ce seroit se faire une idée bien fausse de leur ambition, que de n'attribuer qu'à une simple condescendance de leur part, ce qu'ils ont dû solliciter vivement. Il est naturel de chercher à étendre sa domination, de saisir toutes les occasions de l'augmenter, & de s'en procurer tous les avantages; on ne peut gueres, je pense, reprocher aux Evêques de Rome de s'être endormis sur leurs intérêts, & de les avoir négligés lorsqu'ils les ont connus, ou qu'ils ont cru les connoître. Si la Loi de *Constantin*, suivie par ses successeurs, & ensuite adoptée dans tous les Etats de la Chrétienté, avec plus ou moins d'étendue, plus ou moins tard; si cette Loi, dis-je, n'a pas fait des Prosélytes à la Religion Chrétienne, par des motifs qu'on devoit supposer dans tous ceux qui l'embrassoient, il n'en est pas moins vrai, qu'en Angleterre, en France & ailleurs, elle a véritablement brisé les fers de la servitude, puisqu'avant l'établissement du Christianisme, ou après, il est également de *l'intérêt des Rois, que les esclaves deviennent leurs sujets* pendant qu'ils ne sont, à proprement parler, que des Vassaux de la Couronne, lorsqu'ils sont dans la servitude.

L'exemple de l'Allemagne très-Catholique, de la Pologne & de la Bohême, ne prouve rien contre *Montesquieu*, puisqu'il est évident, que la servitude dans ses Etats, n'est ni si odieuse, ni si complette que celle qu'on suppose avec raison avoir été abolie par la loi du Christianisme; ainsi si la Religion Chrétienne n'a pas l'avantage d'avoir brisé entierement les fers des Allemands, des Polonois & des Bohémiens, elle a du moins allégé le joug de la servitude; & si dans tous les autres Etats de l'Europe elle a servi de moyen à tous les hommes pour recouvrer leur liberté, pourquoi ne doit-on pas lui faire honneur d'avoir aboli l'esclavage ?

„ L'abus excessif de l'autorité avoit donné aux
„ Anglois une extrême défiance de leurs Souve-
„ rains; & ces sentimens transmis de race en
„ race, ont servi depuis à leur faire établir le
„ bon gouvernement sous lequel ils ont le bon-
„ heur de vivre «, p. 26.

L'Auteur paroît avoir oublié qu'il a dit, p. 8, *c'est un malheur de connoître des loix, des gouvernemens, &c.* ou du moins, s'il s'en est ressouvenu, il falloit avertir qu'il reconnoissoit, que cette proposition étoit trop générale, & qu'il falloit faire une exception en faveur de l'Angleterre. Sans discuter si c'est un si grand bonheur que de vivre sous le gouvernement

Anglois, ou même si les révolutions étonnantes qui ont préludé à son établissement, peuvent être justifiées ou si elles ne doivent pas faire rougir l'humanité ; du moins il conste que l'Auteur suit quelquefois le doux penchant du préjugé, & que sans s'embarrasser de se contredire, il loue hautement dans un endroit ce qu'il a le plus blâmé dans l'autre. Les Anglois doivent d'autant plus lui tenir compte de cet éloge pompeux, qu'un Philosophe est moins porté à en faire, & sur-tout aux dépens de sa propre gloire.

» Les peuples alloient d'Hôpitaux en Hôpi-
» taux : ces établissemens superstitieux mainte-
» noient la paresse & la barbarie «, p. 27.

Croiroit-on entendre l'ami de l'humanité, l'apôtre de la Nature ? Les Hôpitaux sont donc des *établissemens superstitieux* ! le pauvre, l'estropié & l'infirme doivent être abandonnés à leur malheureux sort ! les secours & les ressources qu'on leur avoit ménagés contre le désespoir, sont les fruits d'une superstition aveugle, qui n'a voulu *protéger que la paresse & perpétuer la barbarie* ! Peut-on reconnoître à ces traits la bienfaisance de la Philosophie ? Il faut espérer que non ; oui ces établissemens utiles & appellés *superstitieux* par notre Politique, subsisteront malgré sa philosophie barbare, cruelle & déraisonnable, puisqu'elle entreprend de détruire & d'avilir les asyles précieux que la charité chrétienne crut devoir établir en faveur de l'humanité.

» Les Janissaires étoient la premiere milice
» du Monde ; ces compagnons d'un Despote
» qu'ils font respecter & trembler, qu'ils cou-
» ronnent & qu'ils étranglent, avoient de grands
» hommes à leur tête ; ils renverserent l'Empire
» des Grecs infatués de Théologie, & hébétés
» par la superstition «. P. 28.

On n'auroit jamais soupçonné qu'il a été un tems où les Janissaires étoient la *premiere milice du Monde* : & s'ils ont jamais mérité cet éloge, il faut avouer que ce corps redoutable, plus par sa lâcheté & sa poltronerie, que par sa bravoure, il faut avouer, dis-je, que ce corps a bien dégénéré & que les grands hommes sont devenus bien rares dans l'Empire Ottoman. Les Janissaires & leurs Chefs n'auroient-ils pas mérité les éloges que notre Politique leur donne, par la seule raison qu'*ils faisoient respecter & trembler, qu'ils couronnoient & qu'ils étrangloient leur Despote & leur Compagnon* ? On pourroit le conclure avec quelque vraisemblance, puisque d'un côté aucun Historien n'a jamais avancé que les Janisfaire étoient la *premiere milice du Monde*, & que de l'autre, l'amour excessif de la liberté, fait avancer à l'Auteur les paradoxes les plus extraordinaires. Ecoutons-le lui-même dans un endroit où il s'explique assez clairement à ce sujet.

„ Si la possession paisible de son héritage peut
„ dédommager l'homme de sa liberté, les Alle-
„ mands étoient heureux sous leur gouvernement
„ féodal ". P. 27.

Les Allemands n'ont donc pas de tout tems ressenti toute la pesanteur du joug de l'esclavage ? Ils ont joui paisiblement de leur héritage ; & ils ont éprouvé une espece de bonheur sous leur *gouvernement féodal* : cet aveu forcé ne s'accorde gueres avec le système de l'Auteur ; mais il n'est pas surprenant qu'on ne puisse toujours suivre un plan défectueux de sa nature ; il ne manquoit vraisemblablement aux Allemands pour être véritablement heureux, que la liberté des Janissaires ; & pour être les premiers hommes du monde, il ne leur manquoit que le pouvoir de *faire trembler* & même d'*étrangler* impunément le Souverain. Que l'Auteur nous dise donc pour qui l'on doit réserver le titre d'assassin ; & quel titre mériteroit un peuple qui jouissant paisiblement de son héritage, se souilleroit néanmoins du sang de son Souverain. Le bonheur véritable de l'homme en société, consiste à jouir paisiblement de son héritage; s'il lui est permis de soupirer après la liberté, c'est uniquement pour pouvoir se procurer ce grand & précieux avantage; & tout homme qui useroit de sa liberté pour s'en procurer qui ne fussent pas relatifs à celui-là, en abuseroit infailliblement.

» Il étoit temps que la Philosophie & les let-
» tres arrivassent au secours de la morale & de
» la raison, p. 31.

On ne peut pas disconvenir, que les lettres en général ne soient venues à propos au secours de la morale & de la raison : mais seroit-il permis de demander quelle est la Philosophie à laquelle la morale & la raison sont si fort redevables ? La Philosophie, sans doute, éclaire l'homme, & en l'éclairant, elle doit le rendre meilleur; mais ce n'est certainement pas la Philosophie de notre Auteur, qui est propre à épurer les mœurs & à servir de guide à la raison: quoique cette Philosophie ne soit venue que tard, elle n'est venue que trop tôt pour le malheur de l'humanité : l'homme qui n'a rien à craindre après cette vie non plus qu'à espérer, peut & doit vivre sans remords; le Matérialiste peut donc oser tout, & sacrifier tout à ses passions; rien de sacré pour lui, dès que son intérêt personnel se trouvera croisé par l'intérêt de son semblable : le matérialisme étant un des dogmes de la nouvelle Philosophie, la raison & la morale ont-elles bien gagné l'une & l'autre à l'époque de son arrivée ? L'homme qui n'a rien à redouter après la mort, & qui est assuré de se réunir à son Créateur, sans que rien puisse ni retarder, ni empêcher son bonheur, a à peu-près les mêmes avantages que le Matérialiste; son horreur pour le vice ne doit pas être plus grande, ni son amour pour la vertu plus vif & plus animé : le Déiste en contradiction avec son Créateur & avec lui-même, n'en est pas moins un monstre qui dévore ses freres, toutes les fois que son intérêt particulier lui suggére les forfaits; le Déisme en un mot, second dogme de la Philosophie moderne, est peut-être plus contraire à la raison, sans être plus favorable aux mœurs; & si l'on trouve plus de Matérialistes que de Déistes dans le grand nombre de nos Philosophes, n'en soyons pas surpris; les premiers sont plus conséquens, sans être plus raisonnables, que les derniers : où il n'y a pas de châtiment, il ne peut y avoir de récompense ; point de crainte, point d'espoir : celui qui ne reconnoît point de vice, ne doit pas reconnoître de vertu, & si le Créateur de l'univers ne peut pas punir le premier, il ne peut pas non plus récompenser l'autre. On a disputé longtemps pour savoir, s'il pouvoit exister des Athées de bonne foi ; il doit y en avoir plus d'un, s'il est possible de se persuader de la vérité des principes de la nouvelle Philosophie.

„ Peut-être même est-ce dans l'Inde, où les
„ deux Empires du bien & du mal semblent
„ n'être séparés que par un rempart de monta-
„ gnes, qu'est né le Dogme des deux princi-
„ pes du Manichéisme : car la douleur & le plai-
„ sir sont la source de tous les cultes, comme
„ l'origine de toutes les idées.....&c.... p. 41. "

Cette idée aussi neuve que singulière, n'est venue sans doute à l'Auteur, qu'en travaillant à la dernière Edition de son Ouvrage ; aussi ne la trouve-t-on pas dans aucune des autres : on peut même croire, que c'est par cette fiction heureuse, qu'il a voulu commencer l'augmentation de son livre ; en effet elle est détaillée avec cette force & cette élégance, qui annoncent un homme qui voudroit faire paſſer pour un fait conſtant, une choſe que néanmoins il a la modeſtie de ne donner que pour une ſimple poſſibilité. Le Phénomene unique que l'habitant de la pointe méridionale de l'Iſle de *Ceylan* admire tous les ans, eſt raconté avec la même juſteſſe dans l'Édition d'Amſterdam 1773. p. 28.

On y trouve même quelques détails hiſtoriques de plus à cette occaſion, qu'on n'auroit pas dû ſupprimer dans l'Édition de la Haye 1774; ils étoient aſſez curieux & aſſez intéreſſans pour mériter la préférence ſur une longue réflexion auſſi déplacée qu'inutile : l'homme avoit-il donc beſoin de voir la mer courroucée & en fureur ſur la côte de *Malabar*, pendant qu'elle eſt paiſible & tranquille ſur celle de *Coromandel*, pour en conclure mal-à-propos l'exiſtence de deux principes qui ſe diſputant l'Empire de la nature, s'efforçoient à l'envi, l'un de l'affliger, & l'autre de la conſoler ? Ce trait n'ajoute certainement rien à l'érudition de l'Auteur : l'homme, dans quelque coin de la terre qu'il ſoit placé, éprouve tour à tour le ſentiment de la douleur & celui de la joie : partout il peut être ſenſible à ſon malheur, comme à ſon bonheur ; ſur tous les points du globe le phyſique & le moral ſe montrent

montrent tantôt sous l'aspect le plus flatteur, tantôt sous le plus affreux & le plus menaçant : l'homme, sans avoir la côte de *Malabar* à droite, & celle de *Coromandel* à gauche, a donc pu attribuer à un mauvais génie les maux qui l'accabloient, & faire honneur à un bon génie des avantages dont il jouissoit : il étoit trop aisé de fixer le principe sur lequel est appuyé le faux système des Manichéens, pour essayer de remonter à son origine. Si l'Auteur n'avoit eu en vue que de faire une simple addition, pour rendre cette Edition plus volumineuse, nous pensons qu'il n'eût pas choisi ce trait par préférence : sa conjecture a sans doute un autre fondement, & avec un peu d'attention on ne peut se déguiser l'usage que le Philosophe veut en faire : voulant prouver que l'Indostan est la partie de la terre la premiere habitée, & que l'origine de cette antique population se perd dans l'obscurité des temps les plus reculés, de même que la naissance des arts & l'industrie des Indous, il étoit conséquent de leur faire également honneur des bonnes & des mauvaises découvertes : il n'est pas difficile de deviner pourquoi les Philosophes sont si fort partisans de cette prodigieuse anti-

E

quité, que les uns donnent aux *Chinois*, les autres aux *Egyptiens*, & les autres aux *Indiens*, c'est qu'elle répond pour eux à une infinité d'argumens qui renversent leur systême.

L'Auteur dans les premiéres Editions de son Ouvrage s'étoit contenté de s'expliquer assez succintement sur la Religion, la morale & les loix des Indiens qui habitent entre l'Indus & le Gange : dans la derniere Edition il a fait un Commentaire de plus de quatre pages sur ce premier texte ; & l'on peut dire que s'il se contredisoit dans les premieres Editions ; dans la nouvelle, il ne se contente pas de se contredire dans la glose, mais il contredit encore l'ancien texte. On doit en être moins surpris, lorsque l'on sait qu'il traite de la Religion. C'est un sujet qu'on arrange toujours à sa fantaisie.

„ *Brama* qui selon quelques Indiens étoit un
„ Etre fort élevé au-dessus de la Nature de
„ l'homme, & qui selon l'opinion la plus vrai-
„ semblable, n'est qu'un Etre symbolique qui
„ signifie la sagesse de Dieu, fut le grand légis-
„ lateur de l'Inde ; c'est à lui qu'on attribue
„ les Livres sacrés dont l'original s'est perdu,
„ mais dont il reste un Commentaire dans une
„ Langue seulement entendue des Bramines.
„ Edit. d'Amsterd. p. 30.

» Au travers de superstitions absurdes, de
» pratiques puériles & extravagantes, d'usages
» & de préjugés bisarres, on apperçoit les tra-
» ces d'une Morale sublime, d'une Philosophie
» profonde, d'une police très-rafinée — mais le
» système de sa législation n'a jamais été connu :
» il paroît que les Anciens eux-mêmes n'en
» ont vu que les ruines. Edition de la Haye,
» p. 45.

» Les Indiens ont perdu eux-mêmes la trace
» de leur Religion & de leur police — une Reli-
» gion allégorique & morale a dégénéré en un
» amas de superstitions extravagantes & obscè-
» nes. *Ibid.* p. 46.

» Peut-être parviendroit-on à dissiper quel-
» ques-uns des nuages qui voilent tant de mys-
» tères, s'il étoit possible d'obtenir la commu-
» nication des Livres sacrés, le seul monument
» qui reste de l'antiquité Indienne ; mais qui
» peut espérer cette marque de confiance ? *Ibid.*
» p. 46.

» Depuis l'Indus jusqu'au Gange, tous les
» peuples reconnoissent le *Védam* pour leur
» Livre qui contient les principes de leur Re-
» ligion, mais la plupart d'entre eux différent
» sur plusieurs points de dogme & de pratique :

E ij

» l'esprit de dispute & d'abstraction, qui gâta
» pendant tant de siécles la philosophie de nos
» Ecoles, a bien fait plus de progrès dans celles
» des Bramines, & mis beaucoup plus d'absur-
» dités dans les dogmes.... *Ibid.* p. 48 & 49.

Pour juger sainement des mœurs, de la Religion, du Gouvernement, & en un mot des loix & des coutumes d'un peuple, il faut certainement pouvoir combiner au moins avec quelque précision, ses Livres moraux & religieux, ou tout au moins encore, il faut pouvoir consulter des monumens, qui au défaut de Livres écrits, servent à ce peuple pour le conduire tant dans le moral que dans le civil.

Si donc, de l'aveu de l'Auteur même aux endroits cités, *l'original des Livres sacrés est perdu*, s'il ne reste que des *Commentaires* dont *les seuls Bramines connoissent la Langue*; Commentaires qu'ils expliquent toujours à leur *fantaisie* & relativement à *leurs intérêts*; s'il est impossible d'avoir, ni même de pouvoir espérer d'obtenir communication du *Védam* dont l'original *est perdu*; si le *systême de la législation n'a jamais été connu*; si les *Indiens eux-mêmes ont perdu la trace de leur législation*; si leur Religion a dégénéré en un amas de superstitions extravagantes & obscènes ; si tout les peuples qui habitent entre l'Indus & le Gange, n'ont qu'une même Religion fondée sur le même Livre (le *Védam*), quoiqu'ils diffèrent tous, tant dans le *dogme* que dans la *pratique*; si en un mot *les Bramines ont mis beaucoup plus d'absurdités dans les dogmes* — &c., il est moralement impossible d'avoir rien de positif & de satisfaisant sur la Religion, les mœurs & les Loix de tous les peuples qui habitent entre l'Indus & le Gange. Tout ce qu'on avance à ce sujet ne peut-être fondé que sur des conjectures très-hasardées : comment donc l'Auteur a-t-il pu appercevoir les traces d'une *morale sublime*, d'une *philosophie profonde* & d'une *police très-rafinée* ?

Il va lui-même nous expliquer cette énigme : » *c'est en marchant sur des monceaux de ruines* ; » *c'est en voyant les débris épars d'un édifice* » *immense dont l'ensemble est détruit*. Edit. » de la Haye, p. 45. *C'est en un mot au travers* » *de superstitions absurdes, de pratiques puériles & extravagantes, d'usages & de préjugés bisarres*. *Ibid*.

Il faut avoir des talens biens supérieurs pour ne pas se tromper dans le cas où s'est trouvé l'Auteur; tout autre que lui auroit avoué que l'opiniâtreté des *Bramines* à ne pas communiquer les Livres religieux, pas même aux Empereurs (1), feroit toujours un obstacle insurmontable à tous ceux qui voudroient étudier avec fruit les loix civiles & religieuses des Indiens, puisque le Commentaire du *Védam* contient les unes & les autres, dans *une Langue entendue des seuls Bramines.* Mais tout le monde n'a pas reçu le don surnaturel de débrouiller les cahos, & de percer les ténébres le plus épaisses ; le Philosophe a découvert la vérité, où tant d'autres avant lui n'avoient apperçu que des incertitudes, ou pour mieux dire, des problêmes dont la solution paroissoit impossible; où *les Anciens n'avoient apperçu que des ruines,* p. 45. Le Philosophe moderne y découvre l'édifice le plus régulier & le plus digne d'admiration, quoique *l'ensemble en soit détruit, &* qu'il n'en reste que *des débris épars.* „ On lui „ attribue, (à *Brama*) la division du peu-

―――――――――

(1) L'Auteur raconte à ce sujet un fait un peu romanesque à la vérité, mais qui prouve bien sa thèse, p. 46. 47. & 48. On ne le trouve pas dans les autres Editions.

„ ple en tribus, ou *castes* séparées les unes
„ des autres par des principes de politique &
„ de Religion. Cette institution est antérieure
„ à toutes les traditions & à tous les monu-
„ mens connus, & peut être regardée comme
„ la preuve la plus frappante de la prodigieuse
„ antiquité des Indiens.

Il faut avouer que *cette preuve frappante de
l'antiquité prodigieuse des Indiens*, n'est que
négative : d'ailleurs il est faux que les Indiens
n'aient pas de tradition antérieure à la division
faite par *Brama* en tribus ou en castes; & c'est
de cette tradition que l'Auteur auroit pu conclure
positivement la *prodigieuse antiquité* de ce peuple. Voici la Chronologie des *Bramines* à ce
sujet. Il y a, disent-ils, 3892894 *ans que
Brama naquit d'une fleur nommée tamara*; après
sa naissance, Dieu lui permit de créer le monde,
&c....

„ Donc *Brama*, selon la tradition des Indiens,
„ ne trouva pas les Indes presque aussi civilisées
„ qu'elles le sont aujourd'hui, lorsqu'il y donna
„ des Loix, p. 61 "; puisque *Brama* en créant
le monde dût créer les Indes. D'ailleurs, si
Brama n'est selon l'opinion qu'un *Etre symbolique, qui signifie la sagesse de Dieu*, p. 30. Edit.

d'Amsterd., comment a-t-il *pu trouver* les *Indes aussi civilisées, lorsqu'il y donna des Loix ?* puisque *Brama*, selon l'Auteur même, n'a probablement jamais existé. —

„ Quoique les Livres sacrés des Indiens n'of-
„ frent rien de ce merveilleux qui éblouit quel-
„ quefois dans la Théologie grecque : „ p. 57.

Depuis quand a-t-on vaincu l'opiniâtreté des *Bramines* ? Depuis quand a-t-on pu les engager à communiquer leurs Livres sacrés ? Depuis quand enfin, a-t-il été permis de comparer leur Théologie avec la Théologie grecque ? Sans doute que l'Auteur a eu connoissance de ces Livres depuis peu de tems, puisque nou avons déja vu „ *qu'il n'est pas possible d'obtenir la com-*
„ *munication des Livres sacrés*, p. 46. " Il n'est pas possible non plus d'espérer cette *marque de confiance de la part des Bramines*. *Ibid*.

„ Le *Shaster*, que quelques-uns regardent
„ comme un Commentaire du *Védam*, d'au-
„ tres comme un Livre original, & dont on a
„ publié récemment un Extrait en Angleterre,
„ a jetté un peu de jour sur cette matiere. "
P. 58.

L'Empereur *Mahmoud-Akebar*, Souverain & Despote de toutes les vastes Provinces de l'Inde, n'ayant pu, ni par force, ni par finesse, se procurer les Livres sacrés pour s'instruire des principes de toutes les Religions des peuples de l'Inde, p. 56. on ne pouvoit guères raisonnablement supposer qu'on pût parvenir à publier un *Extrait du Shaster* en Angleterre ; & encore moins que *Baldeus* ait pu se procurer le *Védam* en entier, pour en donner une traduction, à laquelle il a travaillé pendant trente ans dans l'Isle de Ceylan. *Défense des Recherches philos. sur les Améric. par M. P****. p. 41. Le Livre du *Védam* est perdu, & *Baldeus* l'a traduit ; sans doute qu'il a eu le bonheur de le retrouver : le *Shaster*, Commentaire du *Védam*, est dans une langue que les seuls *Bramines* entendent, & on en a publié un Extrait en Angleterre ; sans doute que quelque *Bramine* aura eu la complaisance de l'expliquer à un Anglois, & de lui donner la clef de cette langue, que nul autre qu'un *Bramine* ne sauroit entendre. Mais enfin, supposons qu'on ne nous en impose pas, ni sur l'authenticité de l'Extrait du *Shaster*, donné à Londres, ni sur celle du *Védam*, traduit par *Baldeus* ; supposons encore que les Traducteurs & les Compilateurs aient eu la science, le discernement, & sur-tout la bonne-foi, nécessaires pour rendre leur travail utile à la société ; est-il vrai que les Livres sacrés des Indiens n'offrent rien de ce merveilleux qui éblouit dans la Théologie grecque ? On n'a qu'à lire l'Analyse que l'Auteur lui-même fait de l'extrait du *Shaster*, donné en Angleterre, & on verra entre autres merveilles, que „ chaque Ange subit d'abord „ sur la Terre quatre-vingt-sept transmigrations, „ avant que d'animer le corps de la vache qui „ tient le premier rang parmi les animaux. „ P. 58.

Si ce n'est pas une merveille, il n'y en a certainement aucune dans la Théologie grecque.

Un peuple „ qui n'ajoute rien à ses connois- „ sances depuis une époque qui paroît la plus „ ancienne du monde, p. 62 " doit être un peuple séparé du reste du genre humain par des barrières aussi anciennes que l'existence de ce peuple ; ou bien il doit être stupide au-delà de tout ce qu'on peut imaginer ; cependant dans les principes de l'Auteur lui-même, on ne peut pas dire que les Indiens soient dans l'un ou l'autre de ces deux cas ; donc il paroît bien difficile de pouvoir se persuader que les Indiens dont l'antiquité remonte à une époque qui *paroît la plus ancienne du monde*, n'aient rien ajouté à *leurs connoissances* ; tous les peuples ont perfectionné leurs Arts, leurs Sciences & même leurs mœurs par le Commerce & la fréquentation, tant de leurs voisins que des peuples les plus éloignés ; les seuls Indiens font exception à la regle générale : des assertions de cette nature exigent des preuves ; quand on contredit l'expérience, il ne faut jamais s'attendre à en être cru sur sa parole : ,, heureux ,, encore les peuples dont la Religion offre au ,, moins des mensonges agréables ". P. 60. Plus heureux encore les peuples qui sont en garde contre les mensonges agréables de la Philosophie ! L'Auteur donne une idée peu avantageuse de la Métaphysique des *Bramines* séparés du monde ; ,, ce sont des imbéciles & des ,, enthousiastes, livrés à l'oisiveté & à la superstition, &c. & tout l'avantage qu'ils ont ,, sur *Pierre Lombard, Saint Thomas, Leibnitz* ,, & *Malebranche*, c'est que leurs belles découvertes sont très-anciennes dans l'Inde, & qu'il ,, n'y a que fort peu de temps que les autres ,, étonnoient l'Europe, en renchérissant sur les ,, Philosophes Grecs qui eux-mêmes devoient ,, ces connoissances ridicules aux Indiens. " P. 51.

Sur ce portrait des *Bramines* de nos jours peint par l'Auteur, on auroit peut-être de la peine à reconnoître les disciples de l'homme le plus sage, en un mot le plus véritablement philosophe de toute l'antiquité : aussi allons-nous voir que ce ne sont que „ les descendans des
„ anciens *Brachmanes*, dont l'antiquité ne parle
„ qu'avec admiration : — c'est à eux que les
„ Grecs attribuent le dogme de l'immortalité
„ de l'ame, les idées sur la Nature du grand
„ Etre, sur les peines & les récompenses futu-
„ res «. P. 52.

On auroit dû s'attendre que l'Auteur auroit cité quelques-uns de ces Auteurs *Grecs* qui font honneur aux premiers *Brachmanes*, de la découverte importante des dogmes dont il paroît qu'on n'a pas besoin d'emprunter l'idée d'une Nation ; si tous les Auteurs *Grecs* sans exception ont été dans ce sentiment, les citations sont sans doute inutiles, comme elles deviennent impossibles, s'il est vrai que les Grecs n'aient pas eu une si bonne opinion des anciens *Brachmanes*, & qu'ils n'aient peut-être pas entendu parler de leur fondateur.

„ *Pythagore* adopta dans son Ecole une infi
„ nité de pratiques religieuses des *Brachmanes*

» — le jeûne, la priere, le silence, la contem-
» plation; vertu de l'imagination, qui frappent
» plus la multitude que les vertus utiles & bien-
» faisantes «. P. 52.

On a de la peine à trouver dans quel endroit de ses Ouvrages, *Pythagore* déclare avoir adopté les pratiques religieuses des *Brachmanes*: pour convaincre le Lecteur sur un fait de cette conséquence, il falloit lui faciliter le moyen d'en trouver la preuve dans *Pythagore* lui-même. On comprend aisément que ce n'est qu'une addition à la nouvelle Edition : ce trait d'érudition manque aux autres.

» La troisieme classe est celle de tous les
» hommes qui cultivent la Terre. P. 53.

La troisieme caste (dit l'Auteur de l'Histoire des différens peuples du monde (1)) est celle des *Veinsjas* : ce sont les Marchands du pays, & entre les mains desquels est tout le Commerce.

Le Commerce & l'agriculture ne pouvant pas être identifiés chez aucun peuple du monde, un des deux Historiens a été mal informé, ou l'un des deux a voulu tromper; si

---

(1) M. Contant d'Orville, T. II. p. 8.

l'on consulte les relations qu'on a de ce pays éloigné de nous ; la vérité paroît être du côté de M. Contant d'Orville ; il est vrai que cet Historien n'entre dans aucun détail de l'agriculture des Indiens : mais il est vrai aussi, que s'il n'indique pas dans quelle classe on doit ranger les hommes qui cultivent la terre dans l'Inde, notre Auteur n'assigne pas non plus dans quelle classe on doit y ranger les commerçans.

» Jamais on ne mettoit le feu au bled ; ja-
» mais on n'abattoit les arbres ; & la Religion
» toute puissante pour le bien comme pour le
» mal, venoit aussi au secours de la raison qui
» enseigne à la vérité qu'il faut protéger les
» travaux utiles, mais qui toute seule n'a pas
» assez de force pour faire exécuter tout ce
» qu'elle enseigne «. P. 54.

J'ai examiné attentivement s'il n'y auroit pas ici une faute d'impression, qui fît dire à l'Auteur ce qui paroît contre les principes généraux de la Philosophie moderne. Avancer effectivement que *la raison n'a pas assez de force pour faire exécuter tout ce qu'elle enseigne* ; & ajouter que c'est *à la Religion* à inspirer cette force, est une erreur philosophique qui mérite les plus grands anathêmes : cette vérité importante néanmoins, sera sans doute échappée à l'Auteur par mégarde : il est d'autant plus digne d'indulgence que de pareilles fautes ne lui arrivent pas souvent.

„ Leur tempérance (des Indiens) & la cha-
„ leur excessive du climat, répriment en eux la
„ fougue des sens pour les plaisirs de l'amour. „
P. 65.

En lisant ce passage, on seroit tenté de croire que les Indiens sont aussi tempérans que chastes; que les plaisirs de l'amour ne font sur leur ame qu'une légere sensation ; & qu'en un mot l'excessive chaleur du climat les rend comme insensibles : mais outre que ce seroit se persuader une fausseté, l'Auteur lui-même a soin de se réfuter de la façon la plus claire.

„ La chaleur du Midi, l'abondance des fruits,
„ la facilité de vivre sans agir, *une plus grande*
„ *prodigalité des germes de la population,* plus
„ de plaisirs, &c. de la mollesse, &c. tout cela
„ fait qu'on vit & meurt plutôt. „ P. 67.

Si *la grande prodigalité des germes de la population* n'annonce pas ou ne suppose pas *la fougue des sens pour les plaisirs de l'amour*, du moins n'est-elle pas la suite d'une *tempérance* qui mérite des éloges. Des hommes qui vivent & meurent plutôt que par-tout ailleurs, parce qu'ils se livrent plus à la *mollesse*, & qu'enfin *ils prodiguent plus les germes de la population*, ne sont assurément pas des modéles de tempérance & de chasteté.

Comment comprendre enfin, que des hommes *insensibles aux plaisirs de l'amour par la chaleur excessive de leur climat*, puissent, *par la chaleur du Midi, & par une plus grande prodigalité des germes de la population, vivre & mourir plutôt ?* Il me paroît qu'il y a dans ces deux textes une contradiction assez frappante ; on seroit tenté de croire que l'Auteur, contre sa coutume, a rapporté le sentiment particulier de quelque Voyageur à la p. 65, & qu'il le réfute à la p. 67. Mais la contradiction devient plus sensible & moins équivoque, lorsqu'il assure :
« Tandis que les peuples du Septentrion usent
» si modérément de ce délicieux présent (le
» plaisir de l'amour), ceux du Midi s'y livrent
» avec une fureur qui brise tous les ressorts....
» l'amour n'est pour eux qu'une débauche honteuse.... &c. » Tom. 2. p. 352.

Ce passage est d'accord avec celui de la p. 67, mais il en prouve mieux la contradiction avec celui de la p. 65. » Des

» Des préjugés absurdes ont dénaturé par-
» tout la raison humaine, & étouffé jusqu'à cet
» instinct qui révolte tous les animaux contre
» l'oppression & la tyrannie. Des peuples im-
» menses se regardent de bonne-foi comme ap-
» partenans en propriété à un petit nombre
» d'hommes qui les oppriment.... Puissent les
» vraies lumieres faire rentrer dans leurs droits
» des Etres qui n'ont besoin que de les sentir
» pour les reprendre! Sages de la terre, Philoso-
» phes de toutes les Nations, c'est à vous seuls à
» faire des Loix, en les indiquant à vos Con-
» citoyens. Ayez le courage d'éclairer vos fre-
» res ;...... faites rougir ces milliers d'es-
» claves soudoyés, qui sont prêts à exterminer
» leurs Concitoyens aux ordres de leurs maî-
» tres.... Apprenez-leur que la liberté vient de
» Dieu, l'autorité des hommes ; révélez tous les
» mystères qui tiennent l'univers à la chaîne...
» & que s'appercevant combien on se joue
» de leur crédulité, les peuples éclairés tous
» à la fois vengent enfin la gloire de l'espece
» humaine, « p. 69, & 70.

Si j'ai avancé dès le commencement que
l'Historien Politique & Philosophe encourageoit
les hommes à la révolte contre tous les Souve-

F

rains sans distinction ; si je l'ai accusé de vouloir embraser la société, sous prétexte d'y rétablir une égalité parfaite entre tous les hommes ; si je lui impute d'encourager les soldats armés pour la défense de la patrie, à tourner les armes contre les Souverains qui les leur ont mises en main (non pour *exterminer leurs concitoyens ou leurs épouses*,) mais pour leur propre défense contre des ennemis injustes, jaloux & inquiets ; si en un mot je me suis engagé à démontrer que l'Auteur, sous prétexte de venger les droits de la Liberté de l'homme, ne cherche dans son Histoire qu'à rendre l'homme cruel, barbare, séditieux & injuste, je crois avoir rempli mes engagemens par le seul passage que je viens d'extraire ; je croirois faire tort à la plupart de mes Lecteurs, en poussant plus loin les affreuses conséquences qui suivent de ce fanatisme philosophique. C'est pour la premiere fois peut-être que ce monstre ose élever sa tête altiere avec autant d'audace ; son front menaçant ne s'étoit peut-être plus montré si à découvert.

Heureuse la société, si, justement alarmée des ravages que le fanatisme de la liberté médite, elle s'arme puissamment pour le détruire, ou pour rendre ses efforts inutiles !

Dans l'Edition d'Amsterdam, le vengeur de la Liberté s'explique avec encore plus d'énergie; « *il ne faudroit qu'un mot peut-être*, pour don- » ner un autre objet à *leur valeur* ». (Il est question de la valeur des milliers d'esclaves soudoyés par le Souverain.) p. 42.

On comprend aisément quel est le mot puissant qu'il faudroit aux Militaires pour *donner un autre objet à leur valeur*; *soyez libres*, faudroit-il leur dire, & ces armes qu'un Souverain a mises dans vos mains, tournez les contre lui même ; c'est lui qui doit être l'objet de *votre valeur*; c'est en le précipitant en bas du Trône, que vous devez montrer un véritable héroïsme ; c'est en un mot en le noyant dans son sang, que vous devez faire paroître ce courage intrépide qui doit caractériser l'homme ; courage héroïque qui ne fut jamais le partage de l'esclave !

Mais en supposant que *le petit nombre d'hommes qui oppriment des peuples immenses*, soient réellement des oppresseurs injustes, des tyrans abominables, des monstres en un mot, dont il importe de purger la terre pour le bien de la société, seroit-il bien aisé de détruire ces monstres? Seroit-il facile de se mettre au niveau de *quelques Républiques de sauvages ?* En un mot, n'en coûteroit-il la vie qu'aux seuls Souverains de la terre, pour que tous les peuples pussent reprendre leur liberté? Que d'exemples de cruauté, de barbarie & d'injustice, l'histoire de certaines Nations ne fournit-elle pas! Peut-on, sans frémir, rappeller le souvenir des conjurations tumultueuses dans lesquelles le Citoyen, armé contre le Citoyen, n'a pu précipiter en bas du Trône son Souverain, qu'en portant le deuil & la désolation jusques même dans sa propre famille? Les partisans farouches de la liberté de Rome, sous prétexte de la conserver à leur patrie, assassinerent *César* qui paroissoit vouloir l'asservir: que produisit ce monstrueux parricide? La liberté de Rome? Non assurément: en plongeant le fer dans le sein de ce grand homme, Rome se défit d'un Maître, pour s'en donner trois ou quatre, qui finirent enfin par porter le coup mortel à la liberté. *Auguste* survit à *Cassius* & à *Antoine*, ses associés & ses co-tyrans; il usurpa le pouvoir le plus absolu qui fut jamais; il en jouit paisiblement pendant plusieurs années; & en mourant, il le transporte sans contradiction à celui qu'il lui plaît de désigner pour son successeur: que produisit donc l'assassinat de *César*? Le contraire de ce qu'on s'étoit proposé: en effet la mort de

César, bien-loin de brifer les fers qu'il fembloit avoir préparés pour les Romains, ne fervit qu'à les renforcer, & à leur donner une durée auffi longue que celle de l'Empire même.

L'Angleterre, cette Nation qui s'eft permis tant de forfaits, fous prétexte de rompre fes fers, a-t-elle recouvré fa liberté, après avoir abreuvé fon Ifle du fang de fes Souverains, & de celui de fes Concitoyens, qu'elle a cru devoir immoler à fa vengeance ? Le peuple abufé, qui à force de verfer inhumainement du fang, a acheté le droit d'infulter impunément à fes Souverains ; le peuple, dis-je, croit être réellement libre, parce qu'il a le droit de commettre des excès qui tendent au renverfement de l'ordre & au trouble de la fociété : c'eft en cela feulement qu'il eft libre ; mais l'Anglois qui fait apprécier les chofes, fait auffi que pour n'avoir plus qu'un Roi fans autorité, fa condition n'eft pas meilleure que lorfque l'autorité & la Couronne étoient réunies fur la même tête.

La Hollande, cette Nation, qui fans fe fouiller du fang de fes Souverains, n'a pu cependant conduire fa révolution jufqu'au bout, fans avoir vu, & même fait couler le fang de fes Concitoyens ; la Hollande eft elle libre ? Le peuple n'y reconnoît il pas de maître, qui fans le confulter, le taxe & le gouverne ? La République elle-même ne femble-t elle pas courir au devant du joug qu'elle fecoua jadis avec tant de peine ? Le véritable Souverain n'a peut être changé que de nom : .... & pour que l'Auteur ne puiffe pas m'accufer d'exagération, voyons avec quelle force, & avec quelle énergie il s'explique lui-même, en parlant de la Hollande.

» Mais combien ces mœurs font déja déchues
» & dégénérées de la pureté de Gouvernement
» républicain ! Les intérêts perfonnels qui s'é-
» purent par leur réunion, fe font ifolés en-
» tierement ; & la corruption eft devenue géné-
» rale. Il n'y a plus de patrie dans le pays de
» l'Univers qui devroit infpirer le plus d'atta-
» chement à fes habitans, « p. 343.

» Cependant il n'y a plus de patriotifme, il
» n'y a plus d'efprit public en Hollande. C'eft
» un tout dont les parties n'ont d'autre rapport
» entr'elles, que la place qu'elles occupent.
» La baffeffe, l'aviliffement & la mauvaife foi
» font aujourd'hui le partage des vainqueurs
» de *Philippe*. » Ils trafiquent de leur ferment
» comme d'une denrée ; & ils vont devenir le
» rebut de l'Univers, qu'ils avoient étonné par

» leurs travaux & leurs vertus. — *Avec l'ame des*
» *esclaves, on n'est pas loin de la servitude,*
» p. 344 & 345.

» Que peuvent opposer des Républicains à
» cette supériorité redoutable ? (celle des Mo-
» narchies) des vertus; & vous n'en avez plus !
» p. 345.

» Industrieux Hollandois, craignez de retom-
» ber sous le joug du pouvoir arbitraire que
» vous avez secoué, & qui vous menace encore !
» p. 346.

Ainsi d'après ces exemples d'un zele pour la liberté, aussi outré qu'inutilement heureux, que pourrions-nous augurer d'un soulévement général de toutes les Nations ? De voir renouveller sans doute, sur toute la Terre, les scènes sanglantes que nos ancêtres n'ont pu voir sans horreur dans certaines parties du monde. *Sages de la Terre, Philosophes de toutes les Nations!* apprenez aux Souverains qu'ils ne peuvent, sans se rendre coupables du crime le plus atroce, abuser de leur pouvoir, pour opprimer leurs sujets : apprenez-leur qu'ils ne doivent jamais oublier, que par serment, ils se sont solemnellement engagés à être les peres des peuples & non leurs tyrans : mais apprenez aussi à tou-

F iv

tes les Nations, qu'incapables de se conduire sans Loix, sans Religion & sans Gouvernement, leur intérêt demande qu'elles respectent les *Loix*, la *Religion* & le *Gouvernement*; apprenez-leur que l'obéissance & la docilité ne sont pas toujours un esclavage infamant ; apprenez-leur enfin qu'au lieu de trouver la *liberté*, le *bonheur & la gloire* dans la révolte, elles n'y trouveroient que le crime, la cruauté, la mort, & peut-être même une destruction totale. Ces maximes valent bien la maxime sanguinaire de l'Auteur, puisque les avantages chimériques qui résulteroient de la sienne pour la société, ne sauroient contre-balancer les maux réels qui les procureroient.

» L'Egypte que nous regardons comme la » mere de toutes les antiquités historiques, &c. « p. 80, 81 & 82.

L'Edition d'Amsterdam est beaucoup supérieure dans cet endroit ; on y trouve les raisons politiques qui engagerent les Egyptiens à négliger pendant long-temps la navigation, & celles qui les déterminerent enfin à s'y adonner, p. 49, 50 & 51. Le changement que l'Auteur a fait ici, n'est pas heureux.

» Dans presque toute l'Europe, une Religion

» étrangere à son Gouvernement, & qui s'est
» introduite à son insçu ; une morale répandue
» sans ordre, sans précision, dans des Livres
» obscurs & susceptibles d'une infinité d'inter-
» prétations différentes ; une autorité en proie
» aux Prêtres & aux Souverains, qui se dispu-
» tent tour-à tour le droit de commander aux
» hommes ; des loix politiques & civiles, sans
» cesse en contradiction avec la Religion domi-
» nante qui condamne l'inégalité & l'ambition ;
» une domination inquiette & entreprenante,
» qui, pour dominer avec plus d'empire, op-
» pose continuellement une partie de l'Etat à
» l'autre partie ; tous ces germes de trouble doi-
» vent entretenir dans les esprits une fermenta-
» tion violente. Est il surprenant qu'au milieu
» de ces mouvemens la Nature s'éveille, & crie
» au fond des cœurs : *l'homme est né libre !* " p.
97 & 98.

Cette épisode n'a pas le mérite de celles qui, quoique déplacées & étrangeres au sujet, se font lire avec plaisir, soit qu'elles amusent ou qu'elles instruisent : celle-ci, au contraire, ne contient qu'un enchaînement d'imputations aussi odieuses que fausses, outre la Religion Chrétienne que l'Auteur y a en vue.

Il est faux que que la Religion Chrétienne se soit introduite à *l'insçu du Gouvernement dans presque toute l'Europe* ; le sang des premiers Chrétiens répandu avec autant de profusion que d'inhumanité, atteste que cette Religion a triomphé des plus horribles persécutions. Qui ne sait que les Empereurs Payens n'ont pu parvenir à l'éteindre & à l'anéantir dans sa naissance ? Qui ne sait enfin que leur vigilance aussi exacte que barbare, n'a pu empêcher les progrès étonnans de l'Evangile ? Si cette Religion s'étoit introduite *à l'insçu du Gouvernement*, ses défenseurs & ses prosélytes auroient été moins persécutés, parce qu'ils auroient pris des mesures pour n'être pas découverts par le Gouvernement ; mais a-t-on jamais reproché aux Chrétiens d'avoir dissimulé leur foi ?

Il est faux que la morale de Jésus-Christ soit *sans ordre & sans précision*. Les droits de Dieu sur l'homme, & les devoirs de l'homme envers Dieu, ne peuvent être plus clairement établis, ni mieux détaillés; ce que l'homme doit à la société en général, & en particulier à son semblable, ne peut être plus précis ; & le Code des Chrétiens entre à cet égard dans des détails qui attestent la supériorité du Législateur sur tous les autres.

Il est faux que les Livres des Chrétiens soient des *Livres obscurs*: depuis les Apôtres jusqu'à nous, ils ont été entre les mains de tout le monde; les révolutions, les incendies, & les persécutions n'ont pu porter la moindre atteinte à leur intégrité; les exemplaires s'en sont multipliés au-delà de tout ce qu'on peut imaginer : la qualification de *Livres obscurs* ne leur convient donc pas.

Quant aux différentes interprétations dont ils sont susceptibles, l'imputation est encore fausse par rapport à sa généralité. Tous les Interprètes s'accordent & doivent s'accorder sur les points de morale : s'ils varient sur quelques articles, ce n'est certainement pas sur ceux qui doivent servir de regle pour diriger & perfectionner les mœurs.

Il est encore faux que cette Religion, *dominante en Europe*, condamne *l'inégalité*. Si elle condamne l'ambition, c'est celle qui rend l'homme injuste, cruel & barbare; mais elle ordonne formellement de rendre à *César ce qui appartient à César*. Peut-on plus clairement établir le droit des Souverains ?

Si ces prétendus germes de trouble que la Religion Chrétienne entretient dans les esprits, avoient fermenté violemment depuis 1774 ans, la révolution générale auroit dû s'opérer : il est bien surprenant qué la *nature* ait tant tardé *à s'éveiller*; ou plutôt, il n'est pas possible de comprendre qu'elle puisse encore dormir si profondément dans le cœur de la plus grande partie des Chrétiens, lorsqu'elle se fait si puissamment entendre dans celui des Philosophes modernes. L'homme est né libre ! sans doute il est né libre; mais le Créateur lui auroit fait le don le plus funeste, si en lui donnant la liberté, il ne lui avoit défendu d'en abuser.

Oui, disons-le, ce parallele odieux de la Religion de Jésus-Christ, avec celle de Mahomet, n'est qu'un jeu d'une imagination égarée. Que l'homme est à plaindre, lorsque, pour s'élever au-dessus de lui-même, il donne l'essor à son esprit ! alors infailliblement il s'égare, & les conjectures auxquelles il se livre achevent de le perdre. Peut-on douter de cette vérité, lorsqu'on voit notre Philosophe assurer positivement que *les farouches vainqueurs de l'Egypte se seroient rendus maîtres de toute l'Europe, sans la découverte de Vasco de Gama.* » C'en étoit » fait, dit l'Auteur de la liberté du monde » entier; elle étoit perdue, si le peuple de la

» Chrétienté, le plus superstitieux & peut-
» être le plus esclave, n'eut arrêté les progrès
» du Fanatisme des Musulmans, & brisé le
» cours impétueux de leurs conquêtes, en leur
» coupant le nerf des richesses, « p. 96, 97,
98, & 99.

Il est dommage que le tableau de l'Europe si hardiment peint par l'Auteur, aux pages que je viens de citer ; il est dommage, dis-je, que ce tableau ne soit pas d'après nature ; l'expression & le coloris en sont admirables ; quel dommage, encore un coup, qu'on se soit donné tant de peine, pour déguiser, ou plutôt pour défigurer la vérité !

» Ils ont deux Langues, (les Chingulais)
» celle du peuple & celle des Savans ; par-tout
» où cet usage est établi, il a donné aux Prê-
» tres & au Gouvernement, un moyen de plus
» pour tromper les hommes, p. 105.

On peut aisément se persuader que les Prêtres, en abusant de leur ministère, peuvent tromper les hommes en interprétant à leur fantaisie, les Livres de la Religion qui sont ordinairement écrits dans la Langue *des Savans*; mais si le Gouvernement veut se faire entendre, il faut que les Loix & les Edits qui en émanent soient écrits dans la Langue *du peuple*; sans cette précaution, le peuple ne sauroit s'y conformer. Comment donc l'usage de deux Langues dans un Etat, peut-il servir de nouveau moyen au Gouvernement pour tromper le peuple ?

« Les tempêtes, les sables, les forêts, les
» montagnes & les cavernes sont l'asyle & le
» rempart de tous les Etres indépendans, p. 112.

On conçoit très-bien que les *forêts*, les *montagnes* & les *cavernes* peuvent servir d'*asyle* & de *rempart*; on conçoit difficilement que les *sables* puissent avoir le même avantage : mais ce qui est inconcevable, c'est qu'on puisse se réfugier dans les *tempêtes*, & que des êtres indépendans puissent y fixer leur demeure, puisque les tempêtes ne sont pas fixes elles mêmes, & que très-souvent le moment qui les voit naître, les voit dissiper. Des *asyles* & des *remparts* doivent avoir plus de stabilité ; & un être indépendant n'est gueres bien retranché sous un rempart qu'un coup de vent emporte facilement.

» Malheur aux Nations policées qui voudront
» s'élever contre les forces & les droits des peu-
» ples insulaires & sauvages ! Elles deviendront
» cruelles & barbares sans fruit. « p. 112.

On diroit que le Général Portugais fit d'inutiles tentatives sur *Malaca*, & que les Malais, dont il est ici question, conserverent leur liberté & leur Ville, malgré la barbarie & la cruauté d'*Albukerque*; cependant l'Auteur, à la page qui suit, assure :

- „ Qu'après la prise de *Malaca*, les Rois de
„ Siam & de Pégu, & plusieurs autres, conster-
„ nés d'une victoire si fatale à leur indépendan-
„ ce, envoyerent des Ambassadeurs à *Albuker-*
„ *que*, pour le féliciter, lui offrir leur com-
„ merce, & lui demander l'alliance du Portu-
„ gal, " p. 113.

Cet exemple & celui de l'Amérique subjuguée, dévastée, & soumise actuellement à quatre ou cinq Nations Européennes & policées, prouvent *que ce n'est pas toujours sans fruit qu'on s'élève contre les forces & les droits des peuples insulaires & sauvages.*

„ En coupant la pointe des bourgeons (du
„ cocotier), on en fait distiller une liqueur blan-
„ che qui est reçue dans un vase attaché à leur
„ extrémité : ceux qui la recueillent avant le le-
„ ver du soleil, & qui la boivent dans sa nou-
„ veauté, lui trouvent le goût d'un vin doux.
„ C'est la manne du désert. Qui sait même si

» l'idée de celle ci n'a pas été prise dans des Li-
» vres plus orientaux que ceux de l'Arabie ou
» de l'Egypte ? &c. &c. « p. 115. Cette conjecture est sans doute pour faire *pendant* avec celle de l'origine du Manichéisme, p. 41.

Si la douceur d'une liqueur, ou de tout autre aliment comestible, suffit pour établir un rapport parfait d'égalité avec *la manne du désert*, la liqueur qui distille des bourgeons du cocotier n'est pas la seule certainement qui ait cet avantage. Ainsi, pour que la comparaison que l'Auteur en fait avec la *manne du désert* fût exacte, & que la conjecture qu'il en tire fût heureuse, ou même probable, il auroit fallu, ce semble, énoncer d'autres rapports plus immédiats & moins généraux. Pour tourner en ridicule des faits tels que celui de la manne dans le désert, ou même pour en affoiblir la croyance, il ne suffit pas de dire que *les faits, comme les plantes, s'altèrent en s'éloignant de leur origine*, &c. p. 115.

Il faut à un Critique plus de raison, de bon sens & de jugement, que de Rhétorique : en un mot, pour détruire des faits qui réunissent tous les caractères d'authenticité qu'un homme raisonnable peut exiger, il faut autre chose que

des

des Établissemens & du Commerce, &c.

des conjectures hazardées par un homme dont on a raison de suspecter la bonne-foi & la sincérité.

» L'Histoire d'une Nation si bien policée (la
» Chine) est proprement l'Histoire des hom-
» mes : tout le reste de la Terre est une image
» du cahos où étoit la matiere avant la forma-
» tion du monde, « p. 125.

Cet éloge magnifique est une addition faite dans la nouvelle Edition; si l'*Histoire de la Chine est proprement l'Histoire des hommes, si tout le reste de la Terre n'est qu'une image du cahos*, &c., l'Auteur a eu tort de donner, à peu de chose près, les mêmes éloges à l'Indostan ; & lorsqu'il nous a dit que l'origine des Indiens se perdoit dans l'antiquité la plus reculée, lorsqu'il nous a assuré que ce peuple étoit déja civilisé, lorsque *Brama* lui donna les Loix les plus sages (1), sans doute qu'il n'avoit pas encore préparé son Article sur *la Chine*; on doit présumer aussi, que lorsqu'il a travaillé celui-ci, il a perdu de vue celui de l'Indostan ; on ne peut pas supposer raisonnablement qu'il ait voulu se contredire ; & puisqu'il l'a fait, il faut croire

---

(1) On peut consulter ce que l'Auteur dit à l'occasion de la Religion des Indiens, p. 45.

qu'il n'y a pas pensé, & que c'est une méprise de sa part.

„ On lui donne une durée suivie de plus de
„ quatre mille ans (la Chine) & cette antiquité
„ n'a rien de surprenant, " p. 125.

Les Chinois eux-mêmes varient beaucoup sur la fondation de leur Monarchie ; les uns reconnoissent *Fo-Hi* pour leur premier Empereur ; les autres, en prenant son regne & celui de ses six successeurs pour une fable, ne comptent pour leur premier Souverain, qu'*Yan* qui a dû vivre huit cent deux ans plus tard que *Fo-Hi*. Ainsi puisque les Chinois eux-mêmes ne sont pas d'accord sur leur ancienneté, quoiqu'ils s'accordent tous à fixer l'époque de leur origine plus de deux mille ans avant l'Ere Chrétienne, on peut assurer que quelques argumens qu'on employe en faveur de la Chronologie Chinoise, la vérité des dates & des événemens, sera toujours très-difficile à constater : le Critique Européen, quel qu'il soit, aura toujours beaucoup de peine à débrouiller ce cahos ; si *l'antiquité des Chinois n'a rien de surprenant*, du moins sera-t-il toujours impossible de la démontrer.

„ Le caractere de la Nation la plus laborieuse

» que l'on connoisse, (les Chinois) & l'une
» de celles dont la constitution physique exige
» le moins de repos ", p. 131.

Une Nation extraordinairement *laborieuse*, & dont la constitution *physique exige le moins de repos*, ne devroit pas être une Nation molle & efféminée ; cependant toutes les relations s'accordent à nous dépeindre les Chinois comme mols & efféminés : effectivement, de l'aveu même de l'Auteur, l'éducation qu'on y donne à la jeunesse, ne doit pas concourir à la formation d'un tempérament robuste & vigoureux, leur inaptitude & leur répugnance pour les travaux militaires semblent démontrer la foiblesse de leur *constitution physique*.

Si la description de l'Empire de la Chine est exacte, si le tableau des mœurs, des Loix & de la Religion des Chinois est fidéle, la Nation Chinoise a des obligations bien réelles à son Historiographe Européen : les détails dans lesquels il est entré à l'égard de tout ce qui peut faire connoître ce peuple, sont un titre assuré à sa reconnoissance, puisque jusqu'à lui on n'a pas connu les Chinois. » Tel est l'Empire de la Chine, dont on parle tant sans le connoître, « p. 153. Dans les Editions qui ont précédé celle de la Haye, l'Auteur n'avoit consacré à l'éloge des Chinois que dix-neuf pages ; dans la derniere, il a fait des augmentations & des changemens considérables, ce qui lui a pris trente pages d'impression, (depuis la p. 123, jusqu'à la p. 153.

On ne peut disconvenir que le tableau historique de la Chine ne soit peint par un grand maître, & si l'enthousiasme n'a pas emporté le peintre loin de son sujet, tous ceux qui l'ont devancé n'avoient qu'une connoissance bien imparfaite de cette respectable Nation ; aussi prévient-il le reproche qu'il paroît craindre, puisqu'il se justifie d'avance en disant qu'il ne faut pas juger du caractere des Chinois, par celui des hommes de cette Nation *qui commercent dans les Ports de mer ou dans les grandes Villes ; la lâcheté, la mauvaise foi de ceux-ci révolte, mais dans le reste de l'Empire, & surtout dans les campagnes, — on trouveroit difficilement un peuple plus vertueux, plus humain & plus éclairé*, p. 150 & 151.

Malgré les documens authentiques qu'a pu lui fournir *un Philosophe sensible, que l'esprit d'observation a conduit dans cet Empire*, p. 130, il est aisé de s'appercevoir que l'Auteur s'est livré un peu trop à son imagination : sa prévention pour ce peuple lui aura dérobé quelques contradictions dans lesquelles il est tombé à son sujet. L'Europe mal cultivée, mal gouvernée, en un mot vile & méprisable à ses yeux, est encore mise en parallele avec l'Empire de la Chine ; elle y paroît avec encore plus de désavantage qu'à côté de l'Indostan, où il ne l'a pas fait figurer avec honneur ; sans doute qu'il lui réserve la même confusion, lorsque le tour des Sauvages de l'Amérique viendra.

En attendant, relevons quelques-unes de ses erreurs & de ses contradictions.

ʺ Mais les Chinois enfermés & garantis de ʺ tous côtés par les eaux & les déserts, ont pu, ʺ comme l'ancienne Egypte, former un Etat ʺ durable, ʺ p. 126.

Cette assertion suppose évidemment qu'il n'a jamais été possible de pénétrer à la Chine pour la conquérir & pour l'asservir : mais outre que l'on sait positivement que les Tartares y ont fait au moins deux incursions, & que dans la derniere le succès a été si complet, qu'ils s'y sont placés sur le Trône, & qu'ils y regnent encore aujourd'hui en despotes, l'Auteur lui-même avoue que les Chinois, *enfermés & garantis de tous côtés*, ont été subjugués.

» Plus heureuse d'avoir policé ses vainqueurs,
» que si elle eût détruit ses ennemis, « p. 126.

» Souvent même les canaux & les rivieres
» qui baignent le pied d'une colline, en arrosent
» la cime & la pente, par un effet de cette in-
» dustrie qui, simplifiant & multipliant les ma-
» chines, a diminué le travail des bras fait avec
» deux hommes, ce que mille ne savent point
» faire ailleurs, « p. 127.

» Cependant il faut avouer que la plupart des
» connoissances fondées sur des *théories un peu*
» *compliquées*, n'y ont pas fait les progrès qu'on
» devoit naturellement attendre d'une Nation
» ancienne, active, appliquée, qui depuis très-
» long-tems en tenoit le fil, « p. 151.

Ces deux extraits sont du même Livre, & le même Auteur assure.

1°. Qu'à la Chine, en simplifiant & en multipliant les machines, on y fait avec deux hommes ce qu'on ne peut faire ailleurs avec mille.

2°. Que les connoissances fondées sur des théories un peu compliquées, n'y ont pas fait des progrès, &c. Sans doute que la Mécanique ne doit pas être mise dans la classe des connoissances fondées sur des *théories un peu compliquées*; si cela est, l'Auteur ne se contredit pas, & j'ai tort de le lui reprocher.

„ La mer qui fait un pas en dix siécles,
„ mais dont chaque pas fait cent révolutions
„ sur ce globe, couvroient autrefois les sables
„ qui forment aujourd'hui le *Nankin* & le
„ *Tchekiang.*

En calculant combien le *Nankin* & le *Tchekiang* ont de pas d'étendue, il est facile de remonter à l'époque précise de la création du monde : elle remontera à la vérité un peu haut, puisqu'il faut mille ans à la mer pour faire un pas, sa marche périodique étant constante & uniforme, *les sables des deux plus belles Provinces de l'Empire Chinois*, doivent nécessairement attester la prodigieuse antiquité de notre globe.

„ Chez ce peuple de Sages, tout ce qui lie
„ & civilise les hommes, est la Religion, & la
„ Religion elle-même n'est que la pratique des
„ vertus sociales. C'est un peuple mûr & rai-
„ sonnable qui n'a besoin que du frein des
„ Loix civiles pour être juste ", p. 131.

„ Aussi les annales de l'Empire attestent-
„ elles qu'il y a peu de mauvaises récoltes qui
„ n'occasionnent des révoltes ", p. 138.

Cependant, „ il n'est pas enclin aux séditions;
„ — on ne voit à la Chine aucun corps qui

» puisse former ou conduire des factions », p. 144.

Ce *peuple de Sages* dont la *Religion n'est que la pratique des vertus sociales*, ce peuple mûr & raisonnable se permet pourtant *des révoltes* : il est doux, tranquille & patient dans l'abondance, mais dans la disette, il devient féroce jusqu'à se détruire lui-même. La sagesse des Chinois ne tient pas contre l'adversité ; une telle sagesse ne mérite gueres des éloges ; & il est peu d'hommes qui comme les Chinois, ne puissent y prétendre ; la vertu qui succombe aux épreuves, mérite-t-elle le nom de vertu ? Doit-on admirer les *vertus sociales* d'un peuple qui s'égorge lorsque la terre ne lui fournit pas avec la même abondance la nourriture qu'il a droit d'en attendre ? On croiroit peut-être que les Chinois se portent rarement à ces excès ; écoutons encore sur ce sujet l'Auteur.

» Ces *révolutions fréquentes* supposent un
» peuple assez éclairé pour sentir que le res-
» pect qu'il porte au droit de la propriété, que
» la soumission qu'il accorde aux Loix, ne sont
» que des devoirs du second ordre ; — ainsi
» lorsque les choses de premiere nécessité vien-
» nent à manquer, les Chinois ne reconnoissent

" plus une puissance qui ne les nourrit pas ",
p. 138 & 139.

Ainsi ce peuple de *Sages*, *ce peuple mûr*, est si fol & si outré dans ses révoltes, qu'il s'en prend à son Souverain lui-même, & qu'il ne reconnoît plus sa puissance, lorsqu'il ne force pas la terre à être constamment fertile pour nourrir ses sujets; ainsi enfin, ce peuple élevé dans *l'amour des Loix*, p. 144, ne regarde le respect dû aux Loix, que comme un *devoir du second ordre*.

" Le défaut de population dans quelques
" contrées écartées de la Chine, seroit inexpli-
" cable, si l'on ne savoit que, dans ces *vastes*
" *Etats* un assez grand nombre d'enfans — &c.
" p. 137.

" Mais si un *petit nombre* de *cantons* épars &
" presque ignorés à la Chine même, sont pri-
" vés des bras qui devroient les défricher ", p 138.

Il est incontestable que l'Auteur a voulu & a dû désigner le même pays, qu'il appelle dans le premier endroit, *vastes Etats*, & dans le second, *un petit nombre de cantons épars*: si cela n'étoit pas de même, sa narration, ou plutôt sa réflexion philosophique sur la dépopu lation de cette contrée de la Chine, n'auroit aucun sens & ne signifieroit rien.

» Pour avoir part au Gouvernement, il faut
» être de la secte des Lettrés, qui n'admet au-
» cune superstition, » p. 145.

» La superstition est sans pouvoir à la Chine;
» les Loix l'y tolerent «, p. 145.

Il est bien difficile de se persuader que les Loix puissent tolérer la superstition, sans que ceux qui ont la meilleure part au Gouvernement, soient superstitieux : mais ce qui prouve évidemment, que les Lettrés à la Chine sont superstitieux, c'est le consentement unanime de tous les Historiens qui ont écrit à ce sujet, & qui sont plus à croire sans doute que le *Philosophe observateur*, qui par modestie garde l'incognito. Les PP. *Duhalde* & *Couplet* assurent que plusieurs Lettrés donnent dans l'Athéïsme, que presque tous consentent à des superstitions impies & extravagantes. *Duhalde*, tom. III. p. 29 jusqu'à 64, *Couplet, Confucius*, p. LIV. LXII.

On peut voir par le petit nombre de citations que je viens de faire, combien la prévention philosophique aveugle le Philosophe. Une mauvaise cause est toujours mauvaise, & l'Avocat le plus éloquent & le plus subtil, ne peut que

des Etablissemens & du Commerce. &c. 107

voiler légérement le côté qui décelle sa foiblesse. *Tous les Voyageurs attestent que les Parsis des Indes vivent d'une maniere irréprochable en comparaison des Chinois. — Cette différence ne peut provenir que de ce que les principes de leur morale sont meilleurs que les principes de la morale Chinoise, qui a plus réglé les manieres que les mœurs. Elle a consumé sa force dans les petites choses, & n'en a plus eu pour les grandes. Quand on confond de vaines opinions, des cérémonies & des rits avec les devoirs les plus essentiels de l'homme, on affoiblit en lui les remords & la conscience qui les donne.* Recherches philos. sur les Egyptiens, tom. 1. p. 169.

J'ai dit dès le commencement que l'Auteur de l'Histoire philosophique & politique avoit eu bien plus en vue de développer ses principes, que de composer une Histoire; quiconque lira avec attention sa longue description de la Chine, ne peut s'empêcher de convenir que ma conjecture est raisonnablement bien fondée : en effet ce seul morceau de ce grand Ouvrage suffit pour démontrer l'intention de l'Historien Philosophe.

» Sous un Ciel sain & tempéré, où il naît
» beaucoup d'enfans, où il en meurt fort peu;
» sur une Terre — &c. p. 137.

Il est vrai que les Chinois, ce peuple *de Sages*, ce peuple *mûr & raisonnable*, ce peuple, en un mot, *dont l'histoire est proprement l'histoire des hommes*; il est vrai, dis-je, que les Chinois savent rendre inutile la prodigieuse fécondité de leurs femmes, & corriger la Nature, lorsque trop prodigue à leur égard, elle tarde trop aussi à leur enlever, par une mort naturelle, le superflu des enfans qu'elle leur donne; mais en même temps il est faux qu'il meurt peu d'enfans à la Chine.

» Les Chinois ont été extrêmement éloignés
» d'avoir trouvé les bornes du *pouvoir paternel*:
» je ne crois pas même qu'ils les aient jamais
» recherchés; car outre le droit de vendre,
» leurs Législateurs ont donné au pere le
» droit de vie & de mort, pour autoriser sans
» doute l'*infanticide* qui se commet dans ce pays-
» là de différentes manieres. Ou les Accoucheu-
» ses y étouffent les enfans dans un bassin d'eau
» chaude, & se font payer pour cette exécution,
» ou on les jette dans la riviere après leur avoir
» lié au dos une courge vuide; de sorte qu'ils
» flottent encore long-temps avant que d'expirer.
» Les cris qu'ils poussent alors feroient frémir
» par-tout ailleurs la nature humaine; mais l'on

» est accoutumé à les entendre, & on ne frémit
» pas. La troisieme maniere de les défaire, est
» de les exposer dans les rues où il passe tous
» les matins & sur-tout à *Pekin*, des tombe-
» reaux sur lesquels on charge les enfans ainsi
» exposés pendant la nuit ; & on va les jetter
» dans une fosse où l'on ne les recouvre point
» de terre, dans l'espérance que les Mahomé-
» tans en viendront tirer quelques-uns. Mais
» avant que les tombereaux qui doivent les
» transporter à la voirie, surviennent, il arrive
» que les chiens & sur-tout les cochons qui
» remplissent les rues dans les Villes de la
» Chine, mangent ces enfans tout vivans : je
» n'ai pas trouvé d'exemples d'une telle atro-
» cité, même chez les *Anthropohages* de l'A-
» mérique. Les Jésuites assurent que dans un
» laps de trois ans, ils ont compté neuf mille
» sept cens deux enfans ainsi destinés à la voi-
» rie, mais ils n'ont pas compté ceux qui
» avoient été écrasés à *Pékin* sous les pieds des
» chevaux ou des mulets, ni ceux qu'on avoit
» noyés dans les canaux, ni ceux que les chiens
» avoient dévorés, ni ceux qu'on avoit étouf-
» fés au sortir du ventre de la mere, ni ceux
» dont les Mahométans s'étoient emparés, ni

» ceux qu'on a defaits dans les endroits où il
» n'y avoit pas de Jésuites pour les compter.
Recherches philos. sur les Egypt. & les Chin. par
M. de P***. Tom. I. p. 56 & 57. Edit. de
1773. Si l'Auteur s'est écarté de son guide dans
l'endroit où il assure qu'il *meurt peu d'enfans
à la Chine*, il revient sur ses pas bientôt après;
une contradiction de moins avec lui-même, ne
lui a pas paru une raison suffisante pour abandonner M. de P***.

» Le défaut de population dans quelques contrées écartées de la Chine, seroit inexplicable,
» si l'on ne savoit que dans ces vastes Etats un
» assez grand nombre d'enfans sont étouffés immédiatement après leur naissance ; que plu-
» sieurs de ceux qui ont échappé à cette cruauté
» sont condamnés à la plus honteuse des muti-
» lations ; que parmi ceux à qui on ne fait pas
» l'outrage de les priver de leur sexe, beaucoup
» sont réduits à l'esclavage, & privés des liens
» consolans du mariage par des Maîtres tyran-
» niques ; que la polygamie, si opposée à l'es-
» prit social & à la raison, est d'un usage uni-
» versellement reçu ; que la débauche que la
» Nature repousse avec le plus d'horreur, est
» très-répandue ; & que les Couvens de *Bonzes*

» ne renferment gueres moins d'un million de
» célibataires, « p. 138.

Ce tableau des mœurs des Chinois est très-vrai, & très-d'accord avec celui que M. de P*** en fait ; mais est-il le même que celui que l'Auteur en a déja fait ? Des assassins barbares de leurs propres enfans, des polygames infames, & pour tout dire en un mot, des monstres que la Nature désavoue à cause d'une *débauche qu'elle repousse avec le plus d'horreur* ; de tels hommes, dis-je, méritent-ils le nom de *sages*, de *mûrs*, de *raisonnables* ? &c. & peut-on dire, sans se moquer de la Nature elle-même, que l'histoire d'un tel peuple est *l'histoire des hommes* ? Quelle confiance mérite un Historien si peu judicieux ? quelle impression doit faire un Philosophe si peu raisonnable ? quelle considération, en un mot, mérite un Politique qui a si peu de principes ?

» Ils trouverent un grand Empire, (*les Por-
» tugais*) peut-être le plus ancien du Monde,
» après celui de la Chine. Ses annales sont mê-
» lées de beaucoup de fables: mais il paroît dé-
» montré qu'en 660, *Sin-Mu* fonda la Monar-
» chie, qui s'est depuis perpétuée dans la même
» famille, « p. 156.

Si l'Auteur n'avoit pas fait ici une correction,

il eût sauvé deux contradictions : l'une avec lui-même, & l'autre avec l'Histoire générale & universelle. Nous avons vu à l'article de l'Indostan, que l'antiquité de ce peuple remonte à *l'époque qui paroît la plus ancienne du Monde*, & que leur Législateur *Brama trouva ce peuple déjà civilisé, lorsqu'il leur donna des Loix* : l'Auteur, après leur avoir assigné le premier rang dans l'antiquité, les réduit ici, au moins, au troisieme, puisque la Chine & le Japon doivent avoir, selon lui, les deux premiers rangs ; il faudroit contredire tous les Historiens sans exceptions, l'Empire du Japon n'ayant été évidemment *fondé* qu'en 660, on pouvoit croire avec quelque fondement qu'il est le plus *ancien du Monde après celui de la Chine*. L'Edition d'Amsterdam sauve ces deux absurdités, & l'Auteur y est plus raisonnable & plus conséquent.

» Ils trouverent un grand Empire qui ne céde
» point à celui de la Chine par ses richesses,
» par la magnificence de ses édifices, & par la
» fertilité de ses terres, « p. 116.

» Il paroît démontré qu'en 660, *Sin-Mu* fon-
» da la Monarchie, qui s'est depuis perpétuée
» dans la même famille, « p. 156.

Cette démonstration n'est pas bien rigoureuse,
& il

& il faut nécessairement que la fondation de la Monarchie Japonoise remonte un peu plus haut, & qu'elle doive son origine à tout autre qu'à *Sin-Mu* ; puisqu'il paroît certain que *Sin-Mu*, ou *Sin-Siam* (1), Monarque héréditaire ecclésiastique, divisa en sept grandes contrées toutes les Isles qui composent l'Empire du Japon vers l'année 590 de l'Ere Chrétienne.

„ On ne voit pas que la secte du *Sintos* ait eu
„ la manie d'ériger en crimes des actions inno-
„ centes par elles-mêmes ; manie si dangereuse
„ pour les mœurs, p. 158. — Conformément à
„ cette opinion, les Japonois, après avoir fait
„ la priere dans des Temples toujours situés au
„ milieu d'agréables bocages, alloient chez des
„ Courtisanes qui habitoient dans ces lieux con-
„ sacrés à la dévotion & à l'amour. Ces femmes
„ étoient des Religieuses soumises à un Ordre
„ de Moines, qui retiroient une partie de l'ar-
„ gent qu'elles avoient gagné par ce pieux aban-
„ don d'elles-mêmes, au vœu le plus sacré de la
„ Nature, p. 159.

Il est difficile de comprendre que la prostitu-

---

(1) Reste à savoir si *Sin-Mu* & *Sin-Siam* sont deux Empereurs différents, ou si c'est le même Empereur sous deux noms différents.

H

tion de ces prétendues Religieuses soit une *action innocente par elle-même* ; on comprend plus difficilement encore que les Moines auxquels elles étoient soumises, puissent être regardés comme honnêtes gens, en partageant avec elles l'argent *qu'elles avoient gagné par ce pieux abandon d'elles-mêmes.* Un Ordre Religieux de l'un & de l'autre sexe, qui voudroit s'établir en Europe pour satisfaire *au vœu le plus sacré de la Nature,* auroit, je crois, de la peine à faire approuver le projet de son institution : le souverain mépris qu'on a toujours eu, & qu'on a encore, malgré la corruption du siécle, pour des Maisons, qui sans avoir d'Institut religieux, ressemblent si fort aux Monasteres de la secte du *Sintos*, prouvent que l'honnêteté, la décence, la pureté des mœurs, & la vertu elle-même, ne permettent pas d'appeller *des actions innocentes par elles-mêmes*, toutes celles qui tendent à une infâme prostitution.

Mais l'Auteur pour faire honneur à la secte du *Sintos*, d'avoir mieux connu les droits de la Nature, que la plupart des autres *Religions qui répandent un Fanatisme sombre, & la crainte des Dieux,* p. 158, altere un peu la vérité, pour autoriser son système particulier par un exemple:

voici ce que c'est véritablement que ces préten‑
dues Religieuses.

» Entre cette vermine qui couvre les grands
» chemins du Japon, on doit distinguer une
» sorte de société des deux sexes, qui tous ont
» la tête rasée. Les filles dépendent de certai‑
» nes Religieuses de *Meaco* & de *Kamakura* ;
» leur chef‑lieu est le Temple de *Khumano*,
» dans la Province d'*Isie*, où elles sont obli‑
» gées de se rendre toutes les années, pour
» payer une sorte de tribut. Ces filles, dit‑
» on, sont les plus belles du Japon, &
» cet Ordre est l'asyle de toutes les beautés
» sans fortune, qui libres dans cet état, sous
» le voile de la dévotion, s'abandonnent aux
» excès les plus honteux. *Histoire des différens*
» *peuples du Monde, par M. Contant d'Orville* «,
Tom I. p. 225 & 226.

L'autorité de cet Historien doit au moins
contre‑balancer celle de notre Auteur : cepen‑
dant celui‑ci fait avec autant de force que
d'éloquence, l'apologie de ces endroits de
prostitution. Après avoir employé une page
toute entiere pour prouver que la Religion n'a
pas le droit de les proscrire; il finit en disant :
» qu'il faut plaindre les ames froides, insensi‑

» bles, malheureuses & dures, à qui ces sen-
» timens, ces vœux d'un cœur honnête, paroi-
» troient un délire, ou même un attentat ! p.
» 162 ". Que d'ames à plaindre dans le système
de l'Auteur ! n'est-il pas lui-même plus digne
de compassion ?

» Beaucoup de bons Esprits étoient guéris des
» superstitions Romaines ; ils étoient blessés de
» l'abus que les Papes faisoient de leur autorité,
» — & sur-tout de ces subtiles absurdités dont
» ils avoient chargés *la Religion simple de Jésus-*
» *Christ*, " p. 196.

Une Religion dont *la morale n'a pas de précision,*
dont *les Livres religieux sont obscurs*, p. 79 & 98;
en un mot, une Religion *exclusive, impérieuse,*
qui avilit la Nature, & qui arrête les progrès de
la raison, en la captivant, peut-elle être appellée une *Religion simple*, chargée mal-à-propos de
subtiles absurdités ? Si l'Auteur ne trouve pas de
contradiction entre les qualifications odieuses,
dont il lui a plu d'honorer la Religion Chrétienne, & la qualification de *simple* qu'il donne à la
Religion de Jésus-Christ, son discernement doit
être bien peu de chose, & sa philosophie bien
misérable.

» Au défaut de bourreaux, ils (*les Japonois*

» se punissoient de leur esclavage, ou se ven-
» geoient de la tyrannie, en se donnant la mort.
» Un nouveau courage, un nouveau motif de
» la braver, vint les aider à la souffrir. Ce fut
» le Christianisme que les Portugais leur avoient
» apporté, « p. 214.

Le Christianisme apprend à souffrir la mort avec résignation dans quelque circonstance qu'elle menace l'homme; il apprend à la souffrir avec joie, quand il faut opter entre la mort & l'apostasie; mais jamais le Christianisme n'a appris à braver la mort, encore moins enseigne-t-il le suïcide, & prêche-t-il le désespoir. Une calomnie si atroce pouvoit-elle être imaginée par un homme qui se dit Philosophe.

» La doctrine de *Confucius* cherchoit à s'insi-
» nuer chez un peuple voisin de la Chine. Elle
» étoit trop simple, trop raisonnable, cette doc-
» trine, pour ces Insulaires, dont l'imagination
» naturellement inquiete, étoit encore exaltée
» par les cruautés du Gouvernement. Quelques
» dogmes du Christianisme assez semblables à
» ceux des *Budsoïstes*; le même esprit de péni-
» tence dans les deux croyances donnerent des
» prosélytes aux Missionnaires Portugais. Mais
» indépendamment de cette conformité, on se

„ seroit fait Chrétien au Japon ; seulement par
„ haine du Prince, " p. 215.

L'homme qui cherche à faire éclater sa haine contre quelqu'un, se propose de nuire, ou du moins d'humilier celui qui a enflammé sa colere ; mais est-il dans l'ordre naturel que *des milliers d'hommes* se dévouent à une mort aussi ignominieuse, aussi cruelle que certaine, uniquement pour exhaler toute leur haine & assouvir leur vengeance, contre un Empereur barbare, qui semble mettre tout son plaisir à verser indignement le sang de ses sujets ? Loin de le contrarier, ne secondent-ils pas ses inclinations sanguinaires ? Il faudroit bien peu connoître l'homme, pour le croire ennemi de son propre être à ce point-là : s'il s'en trouvoit un ou deux à qui la vengeance inspireroit un courage aussi féroce qu'inutile, peut-on supposer qu'il se soit trouvé *des millions* de victimes qui, par ce seul motif, *se sont précipitées* dans les buchers, ou sont *montées sur les échafauds, pendant quarante ans que la persécution a duré au Japon* ? Mais en supposant que ce prodige de haine & de vengeance soit possible, peut-on dire avec vérité, que *les échafauds furent teints pendant quarante ans du sang innocent des Martyrs* ? De tels monstres peuvent ils répandre *un sang innocent ?* » *Si les Empe-* » *reurs du Japon enchérirent sur ceux de Rome,* » *dans l'art de persécuter les Chrétiens ;* « & si, malgré cela, la Religion Chrétienne triompha au Japon, sur celle de *Confucius, plus simple & plus raisonnable, qui depuis long-temps cherchoit à s'y introduire,* disons-le, c'est un miracle de la toute-puissance d'un Dieu, & non l'effet & la suite d'une vengeance barbare & inutile. L'Auteur, malgré lui sans doute, a fait l'apologie la plus complette de la Religion Chrétienne, lorsqu'il a cru la rendre odieuse & méprisable aux p. 114, 115 & 116. Les anciens ennemis du Christianisme, avec moins de malignité, avoient plus d'adresse pour le décrier.

» Par le commerce, on est moins citoyen » peut-être, mais on devient plus homme, « p. 220.

En supposant que cette phrase, qui n'est qu'un jeu de mots, signifie quelque chose, il faut en conclure qu'on peut être *homme,* dans le sens le plus favorable à l'humanité, & n'avoir pas toutes les qualités qui font le bon citoyen ; & si c'est le commerce, comme l'assure l'Historien, qui perfectionne l'*homme,* en le rendant moins *citoyen,* le commerce fait plus de tort aux Etats, qu'il ne leur procure d'avantages.

„ On n'eut gueres à lui reprocher d'injustices, „ (à *la Compagnie d'Hollande*) que celles qui „ sembloient nécessaires à sa puissance. Le sang „ des peuples de l'Orient ne coula pas comme „ au temps où l'envie de se distinguer par des „ exploits guerriers — &c. „ p. 301.

„ La Compagnie (*d'Hollande*) qui craignit „ les suites de ce mécontentement, fit la guerre „ au Roi de Ternate, pour le forcer à consentir „ qu'on extirpât le girofle par-tout, excepté à „ Amboine. Les Insulaires de Banda furent tous „ exterminés, parce qu'ils refusoient d'être escla- „ ves, „ p. 310.

L'Auteur ne dit pas si ces Insulaires furent *égorgés*, ou s'ils furent *assommés*; quoi qu'il en soit, ils furent *exterminés* par la Compagnie. Que dans le massacre de Banda, le sang ait arrosé la terre, ou non, la Compagnie ne s'y est pas moins rendue coupable du crime d'homicide, & l'Auteur ne s'en est pas moins contredit lui-même dans les deux Extraits qu'on vient de voir.

„ Dès que le Gouvernement eut été rendu „ sédentaire, les Agens moins surveillés se re- „ lâcherent: ils se livrerent à cette mollesse dont „ on contracte si aisément l'habitude dans les „ pays chauds, „ p. 313.

» L'auſtérité des principes républicains dut
» céder à l'exemple des peuples Aſiatiques. Le
» relâchement fut plus ſenſible dans le chef-lieu
» de la Colonie, où les matieres du luxe arri-
» vant de toutes parts, le ton de magnificence
» ſur lequel on crut devoir monter l'adminiſtra-
» tion, donna du goût pour les choſes d'éclat.
» Ce goût corrompit les mœurs — &c. p. 315.

» La Hollande ignore le luxe de fantaiſie.
» Un eſprit d'ordre, de frugalité, d'avarice
» même, regne dans toute la Nation, & il a
» été entretenu avec ſoin par le Gouvernement.
» Les colonies ſont régies par le même eſprit »,
p. 342.

Dans les deux premiers Extraits, l'Auteur ſemble déplorer la moleſſe & le luxe des Agens des Colonies, il cenſure l'adminiſtration pour avoir donné *le goût pour les choſes d'éclat*, & pour avoir contribué par-là à la *corruption des mœurs* ; dans le troiſieme, il aſſure que les Colonies ſont régies par un eſprit *d'ordre, de frugalité, d'avarice même* ; il fait plus, il indique la véritable cauſe du rétabliſſement des mœurs dans *ces hommes renvoyés de l'Europe, parce qu'ils n'en avoient pas, & qu'ils ſont preſque les ſeuls, dont on peuple les Colonies.* » Des Loix

» sevères, une administration juste, une sub-
» sistance facile, un travail utile, donnent bien-
» tôt des mœurs à ces hommes «, p. 342.

La contradiction ne sauroit être plus complette; l'administration a contribué à la corruption des mœurs dans les Colonies, & la même
administration y donne bientôt des mœurs à
des hommes qui n'en avoient pas, quand pour
cette raison on les a renvoyés de l'Europe.

» *Elisabeth* qui ne savoit pas essuyer des con-
» contradictions, mais qui vouloit le bien &
» qui le voyoit: Despote & populaire; éclairée
» & obéie » — &c. p. 355.

On n'auroit pas dû s'attendre de trouver dans
l'Histoire philosophique & politique, l'éloge
d'un *Despote qui ne savoit pas essuyer des contradictions*. Elisabeth mérite certainement des
éloges; son regne aussi glorieux pour elle qu'a-
vantageux pour les Anglois, doit avoir une
place distinguée parmi les grands regnes; mais
si notre Auteur s'en fut tenu à ses principes,
ce n'étoit pas à lui à assigner cette place: un
Despote, quel qu'il puisse être, est un monstre.

» Il y a une vérité qui se prouve par l'étude
» de l'Histoire, & par l'inspection du globe ter-
» restre. Les Religions ont toujours été cruel-

„ les dans les pays arides, sujets aux inonda-
„ tions, aux volcans ; elles ont toujours été
„ douces dans les pays que la Nature a bien
„ traités „, p. 391.

J'admets sans discussion, cette vérité qui peut-être n'est pas aussi constante que l'Auteur l'assure : mais j'en tire contre lui une conséquence en faveur de la Religion Chrétienne. La Palestine n'est certainement pas un *pays aride*, *sujet aux inondations*, *aux volcans* : donc la Religion Chrétienne doit porter l'*empreinte* de *douceur* de ce climat où elle est née ; donc cette Religion n'est pas *sanguinaire*, *cruelle*, *impérieuse*, &c. Donc ce n'est pas elle qui par le seul motif d'une *vengeance inutile* & d'une *haine aveugle*, ajouta au *courage féroce des Japonois*, & leur fit *braver les tourmens & la mort*.

„ Peut-être cependant, qu'au milieu d'une
„ position si périlleuse, les Anglois auroient
„ conservé, du moins, quelque apparence de
„ modération & de vertu, s'ils avoient été
„ retenus par le frein des Loix ; mais il n'en
„ existoit aucune qui pût les diriger ou les con-
„ traindre „, p. 557.

L'Auteur rend ici l'hommage le plus complet aux Loix ; il reconnoît non-seulement la nécessité des loix d'arrangement & d'ordre, mais encore la nécessité des loix co-actives : ce n'est donc pas *un malheur de connoître des Loix*, p. 8.

» Oui, vous remplirez notre attente, Légis-
» lateurs augustes ! Vous rendrez à l'humanité
» ses droits ; vous mettrez un frein à la cupi-
» dité ; vous briserez le joug de la tyrannie, —
» &c. « p. 558.

Peut-on reconnoître plus formellement la nécessité d'un Gouvernement, c'est à des *Législateurs augustes à rendre à l'humanité ses droits, à mettre un frein à la cupidité*, &c.

Ce n'est donc pas, encore un coup, un malheur que de *connoître des Gouvernemens*, p. 8.

Le premier Tome finit par l'éloge le plus pompeux & le plus magnifique du Gouvernement Anglois. Je suis très-persuadé que cette respectable Nation en est digne à bien des égards ; mais je n'aurois jamais cru qu'elle dût avoir un droit exclusif aux louanges : ce n'est cependant qu'en sa faveur seulement, que l'Historien Philosophe se contient dans les bornes du respect qu'on doit avoir pour toutes les Puissances de la terre. Il quitte pour elle seule cet air misantrope, qui développe le mépris qu'il a pour tous les hommes

qui ne font pas Philofophes ; fa bile enflammée & épanchée contre toutes les autres Nations Européennes, s'adoucit & fe calme en faveur de l'Angleterre ; en un mot, lorfqu'il prend le ton prophétique, il lit dans l'avenir les bénédictions les plus abondantes en faveur des Anglois, lorfqu'il n'y voit plus pour le refte de l'Europe que des malédictions & des calamités. Le feul moyen qui refte aux Hollandois pour faire révoquer l'Arrêt de leur profcription, c'eft de tourner les yeux vers l'Angleterre. » Induftrieux Hollandois!
» — Contemplez de vos rivages cette Ifle & ce
» peuple que la Nature vous offre pour modéle!
» Ayez toujours les yeux fixés fur l'Angleterre.
» Si fon alliance fut votre appui, fa conduite
» va vous fervir d'inftruction ; fon exemple de
» regle, « p. 346.

Une prévention fi outrée fe réfute d'elle-même. Les Anglois ne font pas arrivés encore à ce point de félicité, qui doit engager la Hollande à réformer fon Gouvernement fur celui de la Grande-Bretagne : l'une & l'autre de ces Nations ont, comme toutes les autres, des fautes à corriger dans leur adminiftration ; mais je doute que celle qui s'eft acquis à jufte titre le nom de *fage*, de *jufte* & de *prudente*, doive fe modeler sur celle que les factions, les ligues & les partis ont toujours plus ou moins déchirée; & qui peut-être est à la veille de succomber sous les malheurs de ses querelles domestiques.

EXTRAITS

Du Tome II.

» Bientôt il n'y eut plus d'industrie, de Ma-
» factures que dans les Cloîtres. Les Moines
» n'étoient pas alors des hommes corrompus par
» l'oisiveté, par l'intrigue & la débauche. Des
» soins utiles remplissoient tous les instans d'une
» vie édifiante & retirée. Les plus humbles, les
» plus robustes, — &c. « p. 3.

L'ennemi le plus déclaré & le plus dangereux de la vie monastique & du célibat, s'adoucit tout-à-coup, au point de devenir le panégyriste des premiers Moines. Auroit-t on dû s'attendre que la force de la vérité eût arraché un aveu qui fait tant d'honneur à la Religion Chrétienne, lors même que celui qui le fait, paroît uniquement occupé du projet de la combattre? Demandons donc à notre Philosophe comment il est possible qu'une Religion dont la morale n'a ni *ordre* ni *précifion*, (p. 97 & 98 tom. 1.) puiffe former des *hommes d'une vie édifiante & retirée* ? Qu'il nous dife encore comment cette morale éparfe dans des *Livres obfcurs & fufceptibles de mille différentes interprétations*, (p. 97 & 98, tom. 1.) a pu être apperçue par un certain nombre d'hommes, qui en fe retirant du monde, pour mieux en remplir les préceptes, fe font rendus utiles à la fociété ? Qu'il explique, en un mot, comment il eft poffible que les préceptes de l'Evangile foient en contradiction avec eux-mêmes, avec la raifon, la Nature & la Liberté, lorfque les *fimples confeils évangéliques*, mis en exécution, ont formé des hommes qui furent fe préferver de la *corruption*, de *l'oifiveté* & de *la débauche*; des hommes *humbles*, des hommes en un mot, qui dans *le filence & la retraite, fervoient leur patrie*, p. 4. Ce n'eft donc pas la faute de la Religion Chrétienne, fi les Moines & les Chrétiens de nos jours ne reffemblent pas à leurs devanciers, & fi au lieu d'être l'honneur de la Religion, ils n'en font la plupart que l'opprobre & la honte. Les Religions de *Brama*, de *Confucius*, du grand *Lama*, du *Sintos*, &c. en font-elles moins des Religions *fublimes*, des Religions *d'une morale ex-*

cellente, des Religions *raisonnables*, parce que le fanatisme, la débauche & la superstition paroissent être le caractere de leurs différens sectateurs, & sur-tout celui des *Bramines*, des *Lamas*, des *Bonzes*, des *Fakirs*, & en un mot de tous les Prêtres & Religieux Indiens ? C'est à l'Auteur à répondre à ce *rétorque*.

„ Quelques Prêtres des Missions étrangeres
„ avoient prêché l'Evangile à *Siam* ; ils s'y
„ étoient fait aimer par leur morale & leur con-
„ duite : simples, doux, humains, sans intri-
„ gue & sans avarice, ils ne s'étoient rendus sus-
„ pects ni au Gouvernement, ni au peuple, „
p. 43.

Il est déplorable, sans doute, qu'on ne puisse pas envisager tous les Apôtres de la Religion Chrétienne sous un point de vue aussi favorable que celui sous lequel l'Auteur envisage avec raison les premiers Missionnaires de Siam : mais le droit qu'ils lui paroissent avoir à ses éloges, auroit dû lui faire conclure en faveur de la morale de Jésus-Christ, puisque étant prêchée par des hommes vraiment dignes d'un tel ministere, elle captive la raison en la soumettant au joug de la Foi ; & qu'elle gagne le cœur de ses prosélytes, tant pour elle, que pour ses respectables Ministres

nistres. Néanmoins la Religion de presque toute *l'Europe*, est une Religion *exclusive, impérieuse* — &c. &c. &c. C'est cependant la même que celle qui fut prêchée à *Siam* par les Prêtres des Missions étrangères.

« Si quelque chose pouvoit amener le chan-
» gement, c'étoit la Religion Chrétienne que
» les Prêtres des Missions avoient *prêchée avec*
» *succès* », p. 49.

» Cette fable avoit indisposé les Siamois con-
» tre la Religion d'un Dieu crucifié ; & ils ne
» pouvoient révérer Jésus-Christ, parce qu'il
» étoit mort du même genre de supplice que le
» frere de *Sammonacodom*, « p. 50.

Les Missionnaires qui prêcherent avec *succès* la Religion de Jésus-Christ aux Siamois, auroient-ils d'abord caché à ce peuple la fin tragique de cet homme-Dieu ? Outre que des hommes tels que l'Auteur nous les a dépeints lui-même, ne sont pas capables d'une telle supercherie, il est certain que, dans cette supposition, leurs nombreux prosélytes n'eussent été que des Chrétiens bien imparfaits. Le Sacrifice de la Croix étant la consommation de tous les travaux du Rédempteur, & la seule source des graces & des biens pour le fidéle Chrétien ; un homme qui ignore roit que ce Sacrifice eût jamais eu de réalité, ignoreroit conséquemment le principe fondamental de la foi ; dans cette supposition, cet homme seroit-il vraiment Chrétien ? Il faut donc dire, pour mettre d'accord l'Auteur avec lui-même dans les deux passages cités, & pour rendre justice aux Prêtres Missionnaires, que les Siamois aimoient, respectoient & honoroient Jésus Christ, en se convertissant en foule à sa Religion, quoiqu'on leur annonçât qu'il étoit mort sur la Croix, & qu'en même-temps ils étoient indisposés contre la Religion d'un *Dieu crucifié, & qu'ils ne pouvoient révérer Jésus-Christ* par rapport au genre de supplice dont il étoit mort.

Un Philosophe, ce semble, ne devroit jamais altérer les traditions, pour les faire servir à ses desseins. C'est mal servir la vérité que de l'étayer par des fables infidélement rendues.

Ce n'est pas par le supplice de la croix que périt *Thévatat*, frere & rival de *Sommonakodon*; une mer sortie de ses cheveux, pressés par l'Ange Gardien de la terre, engloutit ce rebelle avec tous ses complices. Telle est la tradition constante des Siamois sur la fin malheureuse du frere de leur Dieu. A la vérité, il y a une Légende

Siamoise qui assure que *Thévatat* est encore aux enfers, attaché à une croix avec de gros clous qui lui percent les pieds & les mains, qu'il a une couronne d'épines sur la tête, &c. mais cette tradition, loin de s'opposer aux progrès de l'Evangile, devoit au contraire les favoriser, puisque *Thévatat* a un grand nombre de partisans parmi les Siamois, & que sa secte est assez étendue. Quoi qu'il en soit, il ne reste du parallele de Jésus-Christ avec *Thévatat*, qu'une contradiction évidente : elle est même inutile à l'Auteur ; pourquoi ne l'a-t-il pas évitée ? J'en devine la raison : l'occasion étoit trop belle pour ajouter un ridicule de plus à la Religion Chrétienne, & il falloit la saisir, pour faire un parallele qui tournât à la honte de son Instituteur. Heureusement que ces traits ne percent que celui qui les lance. » O Dieu ! tu vois les mal-« heurs de mes freres, — &c. &c. p. 99 & 100. Cette belle priere, que l'Auteur met dans la bouche d'un *Banian* affligé des maux de sa Nation, n'est qu'une fiction inventée pour étayer le nouveau système de Philosophie : elle ne mérite pas plus de croyance que les harangues que les Poëtes mettent dans la bouche de leurs héros. Cependant une Histoire philosophique &

politique ne devroit avoir aucun trait de ressemblance avec la fable ; & si un Historien doit avoir soin d'éviter les citations inutiles, il ne doit pas se permettre de retrancher celles qui sont indispensables. La Nature parle trop éloquemment par la bouche de ce *Jérémie Indien*, pour que le texte, ou du moins l'autorité d'un Auteur digne de foi, puisse être passée sous silence.

» Cependant *Babar* en appésantissant le des-
» potisme, avoit voulu l'enchaîner lui-même,
» & donner à ses institutions une telle force,
» que ses successeurs, quoiqu'absolus, fussent
» obligés d'être justes, p. 100.

On ne comprend pas qu'un tyran qui aime la justice, jusqu'à prendre les mesures les plus efficaces, pour que ses successeurs ne puissent pas s'en écarter, s'en écarte lui-même, & qu'il soit l'oppresseur de ses sujets, au moment où il travaille à rendre inutiles les efforts de la tyrannie : ainsi, puisque selon l'Auteur, » l'in-
» justice & la tyrannie aiment à se renfermer
» dans l'ombre, qu'elles se cachent à ceux
» qu'elles oppriment, & que *Osabar* établit
» son Tribunal & son Conseil dans la Place
» publique, qu'il ne vouloit agir que sous les

» yeux de ſes ſujets, que parce qu'il n'avoit
» que du bien à leur faire, p. 100. " Le *Banian* qui ſe plaignoit dans le temple de la tyrannie de *Babar*, n'étoit qu'un fanatique, qui
déploroit le bonheur réel de ſa Nation mal-à-
propos, dont l'Auteur lui fait dire ; » ne pré-
» tendez pas à la gloire, ô *Ranguildas* ; ou ſi
» vous voulez de la reconnoiſſance, allez la
» chercher dans le cœur de *Babar*, p. 100. »

Ranguildas qui avoit mis ſur le Trône *Babar*,
avoit un véritable droit à la reconnoiſſance du
Monarque, & à celle du peuple ; cependant
l'Auteur eſt aſſez conſéquent : ſelon lui un
Monarque tel qu'il puiſſe être, eſt toujours
un tyran digne de l'exécration publique ; c'eſt
cette idée qui lui a ſuggérée la lamentation du
Banian, & ſon entretien avec *Ranguildas*.

» La conſervation de la conquête exigeoit
» un Gouvernement. Celui que *Babar* trouva
» établi dans l'Inde, étoit un deſpotiſme pure-
» ment civil, tempéré par les uſages, par les
» formes, par l'opinion. — A cette conſtitution
» paiſible, *Babar* fit ſuccéder un deſpotiſme
» violent & militaire, p. 98. «

La violence de ce deſpotiſme militaire con-
ſiſtoit à rendre la juſtice au *milieu de la Place*

publique, & à n'agir que *sous les yeux des peuples*, afin de se mettre dans l'impossibilité de leur faire du mal, ou ce qui est la même chose, *parce qu'on n'a que du bien à leur faire*. L'Auteur auroit dû nous dire le mot de son énigme : puisqu'il n'a pas pu penser que personne la devinât.

„ Nous demanderons au nom de l'humanité,
„ quel étoit son crime (*de Laly*) dans l'ordre
„ des Loix ? p. 130. "

Je vous réponds au nom de la raison, que cette demande est très-inutile, puisque vous stipulez vous même la réponse, & que vous l'établissez de la maniere la moins équivoque.

Il a vexé ; il a tourmenté des Citoyens ; il a fait dresser des gibets ; il a employé d'autres moyens violens pour se procurer des ressources pécuniaires.... & vous ne trouvez pas que ce sont des crimes qui méritent la mort ? *Non*, dites-vous, *il faut des crimes d'un autre genre pour la mériter sur un échafaud*, p. 131.

Dans quel Etat policé n'a-t-on envoyé au dernier supplice que les voleurs qui ont été hors d'état de restituer les sommes qu'ils avoient volées, ou de réparer les torts qu'ils avoient faits par leurs larcins ? Si la Loi ne prononçoit la peine de mort que contre ceux qui ne peuvent rendre ce qu'ils ont volé, les exécutions deviendroient bien plus rares dans tous les Etats : mais aussi la Loi ne pourvoiroit gueres à la sûreté du Citoyen. Quitte pour rendre ce que j'ai pris, diroient tous les fripons ; & puisqu'il ne doit m'en coûter que la perte de l'estime de la société dans ce cas, prenons toujours ; parce que, si je ne suis pas appréhendé, je ne risque rien ; & si je le suis, je ne risque gueres plus en rendant.

Il (M. de Laly) *a fait dresser des gibets, mais il n'y a fait attacher personne*, p. 131.

Un voleur de grand chemin me met le pistolet sur la gorge pour avoir ma bourse ; je me trouve dans l'impossibilité de me défendre ; je donne ma bourse, & le voleur me fait grace de la vie : si je le dénonce, qu'il soit pris, que son crime soit prouvé, ne sera-t-il pas condamné à mort, quoiqu'il soit forcé de me rendre la bourse qu'on a trouvée sur lui, sans qu'il eût diverti l'argent qui étoit dedans ? Dans ce cas, n'y aura-t-il que moi qui ait le droit de tuer cet homme ? La Justice n'aura-t-elle pas le droit d'autoriser le Bourreau à le tuer ? C'est précisément le contraire : échappé au danger imminent d'être assassiné par lui, j'ai perdu tellement mon droit de le tuer, que si je commets ce meurtre, & que je sois découvert, la Loi prononce la peine de mort contre moi ; le Bourreau seul est autorisé par la Loi à me venger, ou plutôt à mettre ce malfaiteur à mort, pour assurer la tranquillité publique. Ainsi la maxime d'un Philosophe, » dont les vertus font honneur à l'humanité, « est fausse ; » *tout le monde avoit droit de tuer Laly,* » *excepté le Bourreau,* « p. 131. Personne, dans un Etat où il y a des Loix qui veillent à la sûreté de la vie & de la fortune des Citoyens, n'a le droit de se faire justice lui-même, lorsque les Loix ne la lui refusent pas. Si la maxime que nous avons citée étoit bonne, que d'abus, que de meurtres dans la société !

» Qu'est-ce que trahir les intérêts ? « p. 130. Vous le savez certainement, vous qui faites cette question ; mais dans ce moment vous vous plaisez sans doute à faire semblant de l'ignorer. Quoi qu'il en soit de votre sincérité, voici ma réponse.

Trahir les intérêts du Roi, c'est abuser de l'autorité qu'il confie, en *vexant les peuples,* en les *tourmentant mal-à-propos* en son nom, ou pour les exciter à la révolte, ou pour leur faire concevoir contre lui une haine qu'il ne mérite pas.

Trahir les intérêts du Roi, c'est commettre en son nom toutes sortes d'injustices, pour augmenter sa fortune particuliere par des exactions injustes, dont l'odieux retombe tout entier sur le Monarque, qui passe pour un tyran dans l'esprit de ses peuples, lorsqu'il ne mérite que leur amour. Voilà à peu près ce que c'est que de *trahir les intérêts du Roi*. Direz-vous encore que ce n'est là *qu'un délit vague & indéfini ?* pag. 130. Tous les gens de bon sens vous répondront, que c'est un attentat, ou plutôt une suite des crimes qui méritent la mort sur l'échafaud. Il n'y a que les Despotes d'Orient qui soient eux-mêmes les bourreaux de leurs sujets. Les Rois de France ne sont pas les exécuteurs ordinaires de la Justice dans leurs Etats; ainsi Louis XV ne pouvoit pas être compris dans *le droit* universel *que tout le monde avoit de tuer Laly.* » Qu'est-ce que *trahir les intérêts de la Compagnie des Indes ?* « p. 130.

C'est la voler, la piller, précipiter sa ruine, la calomnier, lui faire perdre son crédit, en un mot agir d'une maniere toute opposée aux instructions & aux ordres qu'on a reçus. Mais en voilà assez, je pense, pour réfuter au tribunal de la raison, un homme qui d'ailleurs se réfute lui-même par ses propres allégations. Observons seulement que notre Historien ne trouve que de la folie noire & dangereuse, que de l'incapacité à commander aux autres, où il n'est pas possible de s'empêcher de reconnoître la trahison, la perfidie, la malice & l'avidité la plus atroce.

» Dans la vérité, c'étoit un fou noir (*M. de*
» *Laly*) & dangereux, un homme odieux &
» méprisable, un homme essentiellement inca-
» pable de commander aux autres, « p. 131.

Le jugement que je viens de porter sur M. *de Laly*, n'est fondé que sur les raisons que l'Auteur avance pour le justifier : car dans le fonds, je ne sais pas si cet Officier général étoit coupable des crimes dont il est chargé par l'Arrêt de mort prononcé contre lui ; tout m'engage à le croire; mais de la croyance simple à la conviction, il y a aussi loin que de la probabilité à la certitude.

» Lorsque l'Isle de France & Pondichéry se-
» ront arrivés, — on pourra s'occuper sérieuse-
» ment du commerce, qui a cessé d'exister au
» moment où il est devenu libre. — Le petit
» nombre des armateurs inconsidérés, qui ont
» osé le tenter, ont péri misérablement », p. 177.

L'Auteur appercevoit la contradiction frappante de ce texte, avec son système & ses autres assertions; il prévoit l'objection, & il tâche d'y répondre; mais sa réponse même renferme une nouvelle contradiction.

» La politique qui n'avoit eu aucune part à
» la révolution, n'avoit pas préparé d'avance
» l'action du commerce public, qui devoit rem-
» placer le privilége exclusif, « p. 178.

» Il fut (le Gouvernement) par son aveu-
» glement, ou par sa foiblesse, complice en
» quelque sorte de la ruine des affaires de la
» Nation dans l'Inde. On pourroit même, sans
» injustice, l'accuser d'en avoir été *la cause prin-*
» *cipale* par les instrumens foibles ou infidéles
» qu'il employa, — &c. « p. 134.

Si le Gouvernement peut être accusé sans injustice d'avoir été *la cause principale de la ruine de la Compagnie*, il est difficile de se persuader que la *politique n'avoit aucune part à la révolution* qui précipita la Compagnie dans son malheur.

Mais on sait que la mauvaise politique d'un Ministre que le Roi avoit nommé pour présider à la Compagnie des Indes, hâta sa perte & sa destruction, lorsque le Commissaire Président paroissoit s'occuper sérieusement de l'éloigner & de la retarder. Certains Négocians, par de vives follicitations, avoient préparé de loin la révolution qui l'a jettée dans l'inaction ; le privilége exclufif les offufquoit, comme à l'Auteur ; ils crurent leur fortune faite, s'ils pouvoient en obtenir la révocation : mais l'événement, en prouvant la néceffité abfolue d'un privilége exclufif pour un commerce de cette étendue, prouva auffi qu'une grace achetée bien cher, peut tourner à la ruine totale de celui qui l'a obtenue.

» Le Chriftianifme renverfa toutes les idées » qui formoient la chaîne d'un pareil fyftême. (Ce fyftême étoit celui d'*Odin*, dont la Religion répandue dans tout le Nord, étoit la plus fanguinaire & la plus monftrueufe.) » La révo- » lution fut fi entiere, que, depuis la converfion » des Danois & des Norvégiens, on ne trouve » pas dans l'Hiftoire la moindre trace de leurs » expéditions, de leurs brigandages, « p. 188.

Une Religion qui change tout-à-coup les mœurs atroces & fanguinaires d'un peuple ; une Religion qui fait ceffer *les brigandages* chez un peuple dévaftateur par inclination autant que par une efpece de néceffité ; une Religion enfin qui police, qui civilife, qui humanife, qui rend fociable & fédentaire un peuple vagabond & féroce, mérite certainement des éloges. Telle est, de l'aveu même de l'Auteur, la Religion Chrétienne, dans le texte que je viens de rapporter: pourquoi donc se déclare-t-il si vivement contre le Christianisme dans une infinité d'autres textes que j'ai déja extraits de son Livre? Pourquoi se contredire si ouvertement, quand on se donne pour un *Sage*, pour un *Philosophe* en un mot?

» Le secret dans la politique est comme le
» mensonge; il sauve pour un moment les Etats,
» & les perd à la longue. L'un & l'autre n'est
» utile qu'aux méchans, « p. 215.

En supposant que tous les Etats se jurassent une intégrité à toute épreuve, & une fidélité inviolable, sans doute que *le secret dans la politique* devroit être assimilé au mensonge: mais comme l'hypothèse d'une bonne-foi générale dans tous les cabinets politiques, est malheureusement impossible, la maxime de l'Auteur est évidemment fausse par rapport à sa généralité. Il est pour le moins autant d'Etats qui se sont sauvés d'une ruine totale à la faveur du *secret de leur politique*, qu'il en est à qui ce même *secret* a nui quelquefois. Il est donc faux que *le secret dans la politique ne soit utile qu'aux méchans*, dans l'état actuel de la politique générale.

„ On vit regner jufques dans fes Poéfies, „ (du Roi de Pruffe) des idées profondes, & „ propres à répandre la lumiere, « p. 229.

Les Poéfies *du Philofophe de fans-fouci* en font une preuve évidente; l'Epître au *Général Keith* développe la profondeur & la fublimité de fes idées; les *Matinées Royales* enfin confirment la pureté de fa morale. Souvenons-nous cependant que c'eft un Philofophe qui en loue un autre; l'éloge, à la vérité, n'eft pas foutenu, & le Panégyrifte de *Fréderic le Grand* perd bientôt de vue fon héros refpectable; les invectives les plus fortes & les plus indécentes fuccédent aux louanges les plus exagérées; en un mot, de la plus vile & de la plus baffe adulation, l'Auteur paffe rapidement à l'injure la plus marquée & la moins excufable. Ecoutons notre Philofophe lui-même.

„ Tu fus regardé comme le modéle des Rois „ guerriers.

„ Il eft un titre plus glorieux; c'eft celui de „ Roi citoyen. On ne l'accorde pas aux Prin„ ces qui, confondant les erreurs & les véri„ tés, la juftice & les préjugés, les fources „ du bien & du mal, envifagent les principes „ de la Morale, comme des hypothèfes de

» Métaphysique, ne voient dans la raison qu'un
» Orateur gagé par l'intérêt. O, si l'amour de
» la gloire — &c. p. 233.

Cette éloquente apostrophe est adressée à ce même Monarque, dont *les idées profondes sont propres à répandre la lumiere*. Le portrait du *Salomon du Nord* mérite d'être vu dans tout son ensemble, on le trouvera dans son entier depuis la page 231 jusqu'à la page 234 inclusivement. Le Peintre ne paroît pas l'avoir fait d'après Nature, au jugement d'un Ecrivain anonime. Il est à plusieurs égards vivement censuré dans un Ecrit qui a pour titre : *Lettre d'un habitant de Berlin à son ami à la Haye, imprimée à Berlin, chez G. J. Decker, Imprimeur du Roi,* 1773. Il n'entre dans mon plan que de faire remarquer les contradictions de l'Auteur dont j'analyse l'Ouvrage; je ne dois donc entrer dans aucune discussion sur la justesse de la défense du Roi de Prusse.

» Ces peuples (*les Tartares*) adopterent, la
» plupart, de bonne-heure la doctrine du *Grand*
» *Lama* qui réside à Putola, Ville située dans
» un pays qui appartient en partie à la Tartarie,
» en partie à l'Inde, » p. 253.

Putola ou *Poutola*, n'est pas une Ville, c'est

un Mont au pied duquel est située la Ville de *Touker*, Capitale du Royaume de *Laſſa* ou *Barcutola*; c'est dans la Ville de *Touker*, que le *Grand Lama* fait sa réſidence. Dans l'Edition d'Amſterdam, l'Auteur aſſure que le *Grand Lama* ſe tient à *Barcutola*, p. 200. S'il entend par *Barcutola* le Royaume de ce nom, il a raiſon, & la correction faite dans la nouvelle Edition, eſt mal faite, ſi au contraire il a entendu par *Barcutola*, une Ville de ce nom, il s'eſt évidemment trompé dans les deux Editions.

„ Des monumens au-deſſus de tout ſoupçon,
„ font remonter cette Religion au-deſſus de
„ trois mille ans. Rien n'eſt plus reſpectable
„ qu'un culte qui eut toujours pour baſe l'exiſ-
„ tence du premier Etre, & la morale la plus
„ pure, p. 253.

Je ne ferai plus de remarques ſur cette prodigieuſe antiquité des différentes Religions des peuples de l'Aſie : mais je ne puis me diſpenſer de démontrer que la Religion du *Grand Lama* n'eſt rien moins que ce que notre Hiſtorien dit. Les plus doctes & les plus ſincéres des *Lamas* aſſurent que leurs Livres ne parlent que de la tranſmigration des armes. La fameuſe

idole

idole que les Chinois nomment *Fo*, & qui est le principal objet de leur idolâtrie, est appellée *La*, par les Lamas du Tibet. Les Indiens croient *La* frere du premier Roi de Tangut; il naquit mille vingt-six ans avant Jésus-Christ. Il se fit passer pour un Dieu qui s'étoit revêtu d'un corps mortel; il annonça en mourant, qu'il reparoîtroit bientôt.

Depuis ce tems, la tradition du Tibet confirme que *La* de siécle en siécle ne cesse pas de vivre continuellement dans la personne du *Dalay-Lama*. Les Lamas prétendent qu'il s'est incarné une infinité de fois, & pour cette raison, ils le font pere de la doctrine de la transmigration des ames.

Ce n'est pas la seule idole de ces peuples; ils ont pour l'idole *Manipa* la vénération la plus grande : cette idole, selon eux, est si sanguinaire, qu'elle ne respire que le sang. *Manipa* est représenté avec *neuf têtes*; c'est devant elle que ces adorateurs font leurs prieres en criant, ô *Manipa mihum*, ô *Manipa*, sauvez nous ! Un jeune homme nommé *Butk*, a, certains jours de l'année, la liberté d'assassiner sans distinction toutes les personnes qu'il rencontre; les malheureuses victimes qui succombent sous ses coups n'osent se défendre ; quand ce furieux croit avoir immolé assez d'Hosties à la divinité, on leve les cadavres, & on les porte aux pieds de ce Dieu cruel.

Tel est le culte respectable, telle est la *morale sublime*, telle est enfin la croyance des Tartares du Tibet. L'Auteur n'a pas jugé à propos de citer quelque garant de ses assertions ; je pourrois au moins contre-balancer son autorité, en n'en citant aucune de mon côté ; cependant par surabondance de droit, je veux bien indiquer la source où j'ai pris mes connoissances sur le culte, la morale & la croyance des Tartares.

M. *Contant d'Orville*, Histoire des différens peuples du monde, Tom. II. Chap. XI. p. 441 & suivantes, m'a servi de guide : cet Auteur qui a fait des recherches immenses pour jetter quelque jour sur l'Histoire des différens peuples du monde, auroit-il ignoré qu'il existe des *monumens au-dessus de tout soupçon*, (comme l'Auteur l'affirme p. 253) qui, s'ils existoient réellement, détruiroient entierement tout ce que M. *d'Orville* raconte des mœurs & de la Religion des différens peuples du Tibet ? Doit-on au contraire suspecter d'infidélité ou de mauvaise foi, ce dernier Historien ? Celui qui cite ses garants doit avoir tout l'avantage sur celui qui ne paroît parler que d'après ses propres idées.

» Les deux *Bucharies* & plusieurs Provinces » de la Tartarie lui (à la Religion lamique) sont » entierement soumises, p. 255.

Quoi qu'en dise l'Auteur, il est certain que les Bukkariens font profession de la Religion Musulmane suivant le rit des Turcs, à quelque légére différence près.

» A l'élévation de *Pierre* premier au Trône, » l'état militaire de la Russie se réduisoit à qua- » rante mille *Strélits*, indisciplinés & féroces, » qui n'avoient du courage que contre les peu- » ples qu'ils opprimoient, contre les Souve- » rains qu'ils déposoient ou qu'ils massacroient » au gré de leur caprice. Ce grand Prince cassa » cette milice séditieuse, & parvint à former — » &c. p. 273.

Ces quarante mille *Strélits* qui composoient l'Etat militaire de la Russie, ressemblent si fort aux *Janissaires* de la Porte, qu'il est très-surprenant que l'Auteur traite les premiers de *milice séditieuse*, & les seconds de la *premiere milice du monde, qui avoit des grands hommes à sa tête*, p. 28. Tom. I. Il est aisé de remarquer dans les *Strelits* & dans les *Janissaires*; la même *indiscipline*, la même *férocité*, la même *lâcheté*, en un mot, la même *cruauté* envers leurs Souverains, puisque les uns & les autres les *déposoient*, & les *massacroient au gré de leur caprice* : si les uns méritent des éloges, pourquoi les autres ne méritent-ils que du mépris ?

„ Pour donner à cette prospérité (de l'Em-
„ pire de Russie) quelque consistance, il faut
„ donner de la stabilité à l'ordre de la succession.
„ La Couronne de cet Empire fut long-tems
„ héréditaire; *Pierre I* la rendit patrimoniale :
„ elle est devenue élective à la derniere révolu-
„ tion. Cependant toute Nation veut savoir à
„ quel titre on lui commande, & le titre qui la
„ frappe le plus, est celui de la naissance. Otez
„ aux regards de la multitude ce signe visible,
„ & vous remplirez les Etats de révoltes & de
„ dissensions, p. 278.

Sans approfondir les motifs qui ont pu engager l'Auteur à assurer qu'à la derniere révolution la Couronne de Russie est devenue *élective*, sans chercher à découvrir la différence qu'il y a entre une Couronne *héréditaire*, & une Couronne *patrimoniale*, je me contenterai de profiter des armes que l'Auteur me fournit contre lui-même dans l'Extrait ci-dessus. J'ai fait remarquer, & même j'ai prouvé évidemment que l'Auteur se déclaroit ouvertement contre le Gouvernement despotique & contre le Gouvernement monarchique qu'il soutient même en plus d'un endroit, que les Souverains ne sont que des usurpateurs, des oppresseurs, des tyrans injustes, & qu'en un mot les droits de la Liberté & de la Nature sont incompatibles avec les *Loix* & les *Gouvernemens.*

Cependant il veut que même dans un Etat despotique, tel que celui de la Russie, la succession des Despotes soit réglée par les *droits de la naissance* : il prétend même que sans cette précaution les Etats ne peuvent être remplis que de *révoltes & de dissensions* ; nous applaudissons avec plaisir à sa façon de penser sur la succession des Rois; nous adoptons sa maxime; quel dommage qu'elle soit si peu d'accord avec son système général sur la société ! car enfin, si tous les peuples qui vivent sous la domination des Souverains, Despotes ou Monarques, doivent, pour la tranquillité & la bonne harmonie de leurs Nations, rendre les Couronnes héréditaires, ils doivent donc perpétuer leur esclavage d'une génération à l'autre; non contens de lier & d'affermir le joug sur leur tête, ils doivent le rendre héréditaire à leur postérité; en un mot, ces peuples doivent non-seulement sacrifier leur liberté, mais même celle de leurs enfans nés & à naître. C'est dans ce sens que doit s'expliquer la *succession héréditaire* aux Empires, si l'Auteur veut s'en tenir à ces principes.

» *Le titre qui frappe le plus est celui de la* » *naissance. Otez aux regards de la multitude ce* » *signe visible, & vous remplissez les Etats de* » *révoltes & de dissensions.*

Dans ces Etats donc, le cri de la Liberté & celui de la Nature, deviendront impuissans! Ils seront même injustes, criminels & séditieux, s'ils osent se faire entendre? Cependant si *la liberté vient de Dieu, & l'autorité des hommes*, p. 69. Tom. I, quel droit ont les générations présentes, de contracter avec un Souverain pour les générations à venir? Un pere peut-il légitimement disposer du bien le plus précieux de ses arriere-petit-fils; *la liberté*? Il le peut, & il le doit, selon l'Auteur, dans le texte déjà cité, p. 173. Il ne le peut, & il ne le doit, selon l'Auteur même, dans plusieurs autres textes ; nommément dans celui de la p. 69. Tom I, ou pour mieux dire, dans tout son Livre.

« Le tableau qu'on s'est permis de tracer de
» la Russie, pourra paroître un hors-d'œuvre ;
» mais peut-être le moment étoit-il favorable
» pour apprécier une Puissance qui depuis quel-
» ques années, joue un rôle si fier & si écla-
» tant, » p. 286.

Ce *moment favorable* n'étoit pas sans doute arrivé, lors des premieres Editions, dans lesquelles l'Auteur a renfermé en trois ou quatre pages la substance de tout ce qu'il dit dans celle-ci en dix-huit. Si l'addition qu'il fait ici, doit être regardée comme un *hors-d'œuvre*, le hors-d'œuvre est un peu long. L'Impératrice de Russie devroit peut-être la regarder sous un autre point de vue; mais il n'y a gueres apparence qu'elle réforme son système politique sur celui que l'Auteur lui offre. Quoique l'Auteur lui fasse l'honneur de la reconnoître pour Philosophe avec toute l'Europe, tout me porte à croire qu'elle est d'une secte différente de celle de notre Politique; ou du moins, qu'en fait de Gouvernement, elle pense bien différemment que lui.

» La Chine est le pays de la Terre où il y a
» le moins de gens oisifs, le seul peut-être,
» où il n'y en ait point, » p. 286.

» Les Couvens des Bonzes ne renferment
» gueres moins d'un million de célibataires, »
Tom. I. p. 138.

Nous pourrions peut-être croire que ce million de Religieux s'occupent tous utilement pour eux & pour la société, & que n'étant pas *oisifs*, ils ne se rendent ni à charge, ni incommodes; l'Auteur va nous détromper lui-même.

» Ils y sont à la vérité, (les Prêtres à la
» Chine) infiniment trop multipliés, & y jouis-
» sent, quoique souvent *mendians*, de possessions
» trop vastes, « t. 1. p. 134.

Quoique l'Auteur ne dise pas tout sur la mendicité des Moines de la Chine, il en dit cependant assez pour nous faire conclure qu'à la Chine, comme ailleurs, il y a quelques gens *oisifs*. Tout le monde sait que l'oisiveté est particuliérement la mere de la *mendicité*, comme elle l'est encore de tous les vices. Je me permettrai néanmoins de prouver directement que l'Auteur affirme, contre la vérité, qu'à la Chine il n'y a pas de gens *oisifs*.

Les *Bonzes* sont les Prêtres de la secte de *Fo*:

ces Moines n'ont d'autre occupation que d'en imposer aux gens crédules, & d'extorquer des aumônes. On en voit qui traînent des chaînes longues de trente pieds, & qui crient dans les rues, *c'est ainsi que nous expions vos péchés*; d'autres se tiennent sur les bords des grands chemins, en se frappant la tête avec de gros cailloux, jusqu'à ce qu'on leur ait donné l'aumône. On trouve plus de quatre cent mille Bonzes dans la seule Ville de *Peking*; ceux dont le son de voix est le plus lamentable, & qui savent le mieux contrefaire leur visage, demandent l'aumône. Les Couvens que les Bonzes ont dans les campagnes, excédent de beaucoup par leur nombre ceux qu'ils ont dans les Villes. Les Bonzes ont des Hermites qui ne quittent jamais le sommet des montagnes, les rochers & les cavernes où ils ont leurs hermitages ; ils passent pour saints, & ne vivent que des aumônes abondantes qu'ils recueillent. Les pélerinages qui se font à ces saints Lieux sont nombreux & fréquens. Telle est en raccourci l'idée que le *P. du Halde*, l'*Abbé Prevôt*, le *P. le Comte*. *Nieuhoft*, & tant d'autres Missionnaires ou Voyageurs nous donnent de la vie active & laborieuse des Religieux Chinois. Quel vaste champ pour la critique de notre

Historien, s'il n'eût été intéressé par tant de raisons à garder le silence sur les superstitions des Moines de la Chine ! Les Moines de l'Europe ne lui ont pas paru toujours mériter les mêmes ménagemens : les premiers, à la vérité, suivent en partie la *morale sublime de Confucius*, & les derniers sont attachés, ou devroient l'être, à la morale *sans précision* de Jésus Christ.

„ Quoiqu'on y ait (à la Chine) le secours de
„ l'Imprimerie & tous les moyens généraux d'é-
„ ducation, on n'y voit cependant ni belle statue,
„ ni Poëme, ni éloquence, ni Musique, ni Pein-
„ ture, ni même aucune des connoissances qu'un
„ seul homme isolé, méditatif, pourroit por-
„ ter par ses efforts à un grand point de per-
„ fection. — L'intérêt doit être le mobile secret
„ ou public de toutes les actions. Il est impossible
„ que les mensonges, les fraudes, les vols, ne se
„ multiplient : les ames y doivent être basses,
„ l'esprit y doit être petit, intéressé, rétréci &
„ mesquin. — Par-tout où l'on est insensible à
„ l'insulte, par-tout où l'on rougit si peu de la
„ friponnerie, l'Empire peut être très-bien gou-
„ verné ; mais les mœurs particulieres sont très-
„ vicieuses, " p. 286, 287 & 288.

Sans doute que l'Historien s'est apperçu qu'il

manquoit quelque chose au tableau qu'il a fait de l'Empire de la Chine, des Loix, des mœurs, de la Religion, de l'industrie & de la diligence des Chinois. Tom. I, p. 125 jusqu'à la page 153. S'il a cru que les lambeaux que je viens d'extraire du Tom. II devoient servir d'ombres pour mieux faire sortir les vives couleurs qu'il a employées, il est malheureux qu'il se soit trompé. Un Lecteur judicieux qui voudra faire la comparaison de ces différens textes, se convaincra aisément que cette surcharge est une véritable tache qui dépare totalement le tableau. Qu'on jette un coup-d'œil rapide sur ces deux articles de la Chine aux endroits cités, & on appercevra sans peine des contradictions palpables. L'Auteur avoit dit, Tom. I, p. 150 & 151, " Dans le » reste de l'Empire, & sur-tout dans les Cam- » pagnes, — on trouveroit difficilement un peu- » ple plus vertueux, plus humain & plus éclairé. Comment accorder la *vertu* avec des *mœurs très-vicieuses*; & les *lumieres de l'esprit* avec une *ame basse*, un *esprit petit, mesquin & rétréci*, &c.

EXTRAITS

Du Tome III.

» Elle reconnoissoit (la Nation Mexicaine),
» comme tous les peuples policés, un Etre su-
» prême, une vie à venir, avec ses peines &
» ses récompenses; mais ces dogmes utiles étoient
» mêlés d'absurdités qui les rendoient incroya-
» bles, « p. 48.

La croyance de l'existence *d'un Etre suprême,
d'une vie à venir avec ses peines & ses récompenses*, n'est, selon l'Auteur, qu'*utile*, & ses dogmes *utiles* ne sont pas des vérités incontestables.
Il étoit réservé aux Philosophes modernes de détromper le genre humain sur la croyance de ces
dogmes, qu'il a toujours cru non-seulement *utiles*, mais absolument nécessaires, & par conséquent incontestables : c'est ainsi que la Philosophie est venue *au secours de la morale & de la
raison*.

» On y fabrique (chez les Tlascalteques,
» peuple du Mexique) des draps assez fins; des
» toiles de coton qui ont de l'agrément — &c. «,
» p. 82.

La fabrique de *draps assez fins* suppose évidemment l'emploi des laines passablement fines, & tout au moins d'une qualité médiocre. L'Auteur va nous dire lui-même quelles sont les laines que ce peuple met en œuvre, & quelle est leur qualité.

„ La laine des moutons y est seche, grossiere &
„ mauvaise, comme elle l'est par-tout entre les
„ Tropiques «, p. 83.

„ Comme personne ne vouloit se charger de
„ ces orphelins (au Darien), on les massacroit
„ pour les empêcher de mourir de faim — c'est
„ la plus grande atrocité, où la déplorable cons-
„ titution de la vie sauvage ait jamais pu pousser
„ les hommes „, p. 147.

Les Chinois, ce peuple *sage & mûr*, ce peuple dont la morale est aussi pure que le gouvernement en est sage, ce peuple en un mot, l'objet de l'admiration & des complaisances de notre Auteur, les Chinois, dis-je, sont encore bien sauvages, & leur constitution est bien déplorable, puisqu'ils commettent, à l'égard de ceux de leurs enfans qu'ils craignent de ne pouvoir pas nourrir, des atrocités semblables à celles des peuples du Darien.

„ Il remplit en effet (le sauvage qui découvrit

les mines d'or & d'argent du Pérou aux Espagnols) » l'engagement qu'il venoit de prendre,
» & mena à travers une langue de terre de seize
» ou dix-sept lieues, *Balboa* avec cent cinquante
» Espagnols sur les côtes de la Mer du Sud, «
p. 148.

L'Auteur paroît avoir ignoré la véritable distance de l'endroit, d'où le sauvage & les Espagnols, qui marcherent à sa suite, partirent, aux mines que le premier fit découvrir aux seconds. Toutes les relations s'accordent à nous apprendre que le fils de *Comagre* (c'est le nom du sauvage qui servoit de guide) promit de mener dans six jours de marche les Espagnols au sommet d'une montagne, d'où l'on découvroit la Mer du Sud. *Comagre* ne put tenir sa parole, & il fallut employer vingt-cinq jours de marche, pour arriver au terme desiré, encore ne fut-ce qu'après des peines & des fatigues qui plus d'une fois manquerent à décourager les avides Espagnols, & mirent en danger le sauvage d'être massacré; car les Espagnols craignant d'être les dupes de leur guide, furent sur le point de l'immoler à leur vengeance. La *langue de terre* qu'il fallut traverser, avoit donc plus de *seize ou dix-sept lieues.*

„ En réduifant les chofes à la vérité, nous trou-
„ verons que les Péruviens étoient parvenus à
„ fondre l'or & l'argent ; qu'ils poffédoient même
„ le fecret perdu en Europe, de donner au cuivre
„ une trempe pareille à celle que nous donnons
„ à l'acier ", p. 175.

Avant de fondre l'or & l'argent, il faut né-
ceffairement avoir le fecret d'en exploiter les
mines, fur-tout pour s'en procurer une fi grande
quantité que celle que les Efpagnols trouverent
mife en œuvre au Pérou lors de leur invafion.
La fcience d'exploiter les mines fuppofe une conf-
tance, une habileté, un courage, & enfin des
talens, des connoiffances peu ordinaires : l'Auteur lui-même en convient, lorfqu'il dit :

„ Mais à quelles conditions tirons-nous cette
„ richeffe, ou ce poifon, des abîmes où la Na-
„ ture l'avoit renfermé? Il faut percer des rochers
„ à une profondeur immenfe ; creufer des canaux
„ fouterrains qui garantiffent des eaux qui affluent
„ & qui menacent de toutes parts ; entraîner dans
„ d'immenfes galeries des forêts coupées en étais ;
„ foutenir ces galeries — creufer des canaux &
„ des aqueducs ; inventer ces machines hydrau-
„ liques fi étonnantes & fi variées, & toutes les
„ formes diverfes des fourneaux. — Si l'on ob-

» serve combien ces travaux supposent d'obser-
» vations & d'essais, on reculera l'origine du
» monde bien au-delà de son antiquité con-
» nue « , p. 99.

Les Péruviens donc étoient venus à bout par
leurs connoissances & leur travail, de surmonter
toutes les difficultés d'une exploitation aussi difficile que dangereuse, puisque leurs Temples
étoient remplis d'idoles d'or & d'argent, de
toute forme & de toute grandeur, puisque » *Cusco*
» qui ouvrit ses portes à *Pizare*, lui offrit plus
» de trésors qu'il n'y en avoit peut-être dans l'Eu-
» rope entiere «, p. 158. Cependant selon notre
Auteur,

» Il faut reléguer au rang des fables ces réser-
» voirs, *ces aqueducs* dignes, dit-on, des anciens
» Romains. Il n'y a jamais eu ni l'un ni l'autre
» dans le Pérou «, p. 171.

» Il faut reléguer au rang des fables ces ponts
» si vantés. Comment les Péruviens auroient ils
» pu élever des ponts de pierre, eux qui igno-
» roient la construction *des ceintres & des vou-*
» *tes* ? p. 172.

» Il faut reléguer au rang des fables cette quan-
» tité de villes élevées avec tant de soin & de
» dépense. Pourquoi, s'il y avoit tant de Cités
superbes

„ superbes dans le Pérou, n'exiſte-t-il plus, à la
„ réſerve de *Cuſco* & de *Quito*, que celles que
„ le Conquérant y a conſtruites „? p. 170.

Mais s'il n'y avoit de villes au Pérou que *Cuſco*
& *Quito*, lorſque les Eſpagnols l'envahirent,
comment repréſentoit-on „ à *Cuſco* & dans *les*
„ *autres villes du Pérou*, des Tragédies & des
„ Comédies „ ? p. 162. Comment les autres
„ *villes* ou *bourgades* de l'Empire furent-elles
„ parcourues avec le même eſprit de ravage „ ?
p. 209.

„ Les Eſpagnols ne méritent pas davantage
„ d'être crus, quand ils nous parlent de ces
„ bains dont les cuves & les tuyaux étoient d'or
„ ou d'argent — &c., „ p. 173.

Mais en quoi conſiſtoient donc ces tréſors
immenſes qu'ils trouverent à *Cuſco* & dans tout
le reſte de l'Empire ? Quelle étoit la nature de
ces tréſors qu'ils s'approprierent dans les maiſons de tous les particuliers qu'ils pillerent après
avoir pillé le Palais de l'Inca ? „ Les Temples
„ & les maiſons des particuliers furent égale-
„ ment dépouillés d'une extrêmité du Royau-
„ me à l'autre, p. 158. Ce n'étoit certainement pas des eſpèces monnoyées, puiſque l'Auteur aſſure lui-même que les Péruviens n'en

connoissoient pas l'usage. Il faut donc nécessairement que les Péruviens employassent ces précieux métaux à des ornemens, à des vases & à des ustensiles de commodité & d'un usage ordinaire ; il faut même qu'ils connussent les meubles d'agrément, puisque

» Les terres consacrées au Soleil fournissoient
» à l'entretien des Prêtres & à la consécration
» de ces magnifiques Temples lambrissés d'or &
» couverts d'argent, « p. 164. On pourroit demander à l'Auteur comment ces Temples pouvoient *être magnifiques ? comment ils pouvoient être lambrissés d'or & couverts d'argent ?* puisque les Péruviens n'avoient aucune connoissance du *dessin* ni de l'*architecture* ; puisqu'ils ne connoissoient pas l'usage des *poulies* & des *léviers* ; puisque toute leur science dans la construction des bâtimens, se réduisoit à entasser quelques pierres d'une grandeur médiocre les unes sur les autres, sans chaux & sans ciment, équarries avec une peine infinie par un frottement long & difficile ; puisqu'enfin leurs bâtimens ne pouvoient pas s'élever bien haut par le manque de machines, & par leur ignorance à construire des voûtes. D'après ces assertions, que doit-on penser de la *somptuosité*, de la *magnificence des Temples du Soleil ?*

Ces Temples cependant, ,, dont les murailles
,, étoient incruftées d'or & d'argent, ornées de
,, diverfes figures, & chargées *des idoles de tous*
,, *les peuples* que les Incas avoient éclairés &
,, foumis, " p. 207, ne renfermoient que les
ftatues des hommes vertueux dont on honoroit
la mémoire.

,, Il eft fort vraifemblable que ces ftatues que
,, les Efpagnols prétendoient avoir trouvées dans
,, les Temples du Soleil, & qu'ils prirent pour
,, des idoles, étoient les ftatues des hommes qui
,, par la grandeur de leurs talens, ou par une
,, vie remplie de belles actions, avoient mérité
,, l'hommage ou l'amour de leurs concitoyens, "
p. 162.

On voit que dans le premier texte, l'Auteur
affure qu'il y avoit des idoles dans le Temple du
Soleil, & que dans le fecond il affure que les
Efpagnols eurent tort de prendre les ftatues qu'ils
y trouverent, pour des idoles.

Je ne parlerai plus des contradictions étonnantes dans lefquelles l'Auteur eft tombé en
écrivant l'article du Pérou. Un Lecteur judicieux, avec un peu d'attention, comprendra,
tout comme moi, que l'Auteur entraîné par fon
goût naturel pour les defcriptions pompeufes,

L ij

les tableaux en grand, les images & les figures, ne s'eſt pas apperçu que ſans ſe contredire, il ne pouvoit ſuivre fidélement M. de P***, ſon guide & ſon garant. L'Auteur *des Recherches ſur les Américains*, en contrediſant, & même en cenſurant vivement tous les Hiſtoriens qui l'ont précédé, a ſu éviter le reproche de ſe contredire lui-même ; l'Auteur *de l'Hiſtoire philoſophique & politique* n'a pas été ſi heureux, parce qu'il n'a pas ſu être ſi conſéquent.

„ Les Indiens prirent part à cette guerre, „ comme aux précédentes, les uns ſous les „ étendarts du Vice-Roi, les autres ſous ceux „ de *Gonzale*, „ p. 186.

Outre qu'il n'eſt pas vraiſemblable que les Indiens ſe mêlaſſent d'une guerre dont le ſuccès, quel qu'il fût, ne pouvoit tourner qu'à leur oppreſſion & à leur eſclavage ; il eſt faux qu'ils priſſent aucune part au démêlé particulier du Vice-Roi & de *Gonzale*, encore moins en prirent-ils aux guerres précédentes. *Les Péruviens de même que les Mexicains, virent leurs tyrans ſe livrer de cruels combats, ſans y prendre aucune part.* Hiſtoire des différens peuples du monde. Tom. V. p. 317.

Quelle apparence en effet que ces peuples

» naturellement *doux*, eussent appris de leurs
» vainqueurs à être sanguinaires, « p. 186, pour
s'entre-égorger mutuellement, & pour servir uniquement la haine & les intérêts des tyrans qui se disputoient la cruauté de les écraser ou de les réduire en servitude, après leur avoir enlevé leurs biens, leurs Souverains, leur Religion, leurs femmes, & en un mot tout ce qui leur étoit le plus cher?

» Le vice universel des Gouvernemens, &
» ils le sont presque tous, est dans le Code lé-
» gislatif sur la propriété, « p. 204.

L'Auteur qui les censure vivement tous, les uns après les autres, n'auroit pas dû mettre une restriction en faveur de quelqu'un ; s'ils le *font presque tous*, ils ne le sont pas tous. Selon lui-même, ils devroient l'être tous sans exception : car, quel est celui dans lequel la propriété est tellement bien distribuée » qu'on y a conservé
» le plus grand équilibre possible dans cette ba-
» lance sociale? « p. 204. Mais ce qui prouve que cette *balance*, presqu'impossible, n'est pas absolument nécessaire pour constituer essentiellement la bonté d'un Gouvernement, c'est que ceux où elle n'est pas établie, n'ont pas encore éprouvé tous les malheurs & tous les désordres

que l'Auteur annonce comme une suite nécessaire de l'inégale répartition de la propriété.

„ Mais de toutes les Législations, la plus mauvaise, la plus destructive & la moins durable, est celle d'une Nation composée de grands propriétaires oisifs, & d'esclaves pauvres & surchargés : ce n'est bientôt que fainéantise générale, cruautés, gibets & tortures d'une part, haines, poisons & soulévemens de l'autre; ruines & destructions des deux côtés ; dépérissement & dissolution de la société, " p. 204 & 205.

Au jugement même de l'Auteur, il est peu d'Etats dans les quatre parties du Monde qui n'eussent dû être *dissous*, il y a long-temps, puisque, selon lui, tous les peuples de l'univers, à l'exception de celui de l'Angleterre, gémissent dans le plus dur, comme dans le plus honteux esclavage.

Mais, seroit-il permis de demander à l'Auteur si en Angleterre il n'y a pas de *grands propriétaires oisifs* ? & s'il n'y a pas *d'esclaves pauvres & surchargés* ? si en un mot *la balance sociale y est dans le plus grand équilibre possible* ?

„ On a vu les ruines de cette forteresse : le merveilleux a disparu, & il n'est resté que l'éton-

» nement que doivent causer des masses énor-
» mes, conduites d'assez loin sans le secours de
» léviers & d'autres machines connues des peu-
» ples éclairés, « p. 108.

Ces pierres équarries par un frottement long
& difficile, posées sans ciment les unes sur les
autres, & d'une *médiocre grandeur*, sont con-
verties ici en des *masses énormes* qui doivent
causer de l'étonnement.

» Ils ont plus d'esprit que de courage. Mécon-
» tens du Gouvernement, tous ces peuples lui
» sont également soumis. L'homme par-tout ou-
» blie *son nombre & sa force*, « p. 238.

Si l'homme n'oublioit pas par-tout *son nombre
& sa force*, sans doute que se réunissant, les
peuples par-tout secouerent le joug de la soumission ; sans doute que prenant les armes, ils dé-
trônerent leurs Souverains pour reprendre leur
liberté ; sans doute enfin qu'ils donnerent un
motif plus noble à leur valeur ; c'est incontestablement ce que l'Auteur a voulu dire : s'il étoit autrement, que pourroit signifier cette phrase,
l'homme par-tout oublie son nombre & sa force ?

» On laisse les grands pieds des Espagnoles
» pour admirer ceux d'une Péruvienne, qui joint
» à l'artifice de les cacher ordinairement, l'heu-

» reufe adreffe de les montrer quelquefois, « p. 239.

L'artifice d'une Péruvienne à cacher fes pieds ordinairement, & l'heureufe adreffe de les montrer quelquefois, renferment une contradiction évidente ; on va en juger par ce que dit l'Auteur lui-même.

» Mais ce qui féduit les yeux & jette le trou-
» ble dans l'ame, c'eft un habillement qui laif-
» fant à découvert le fein & les épaules, ne def-
» cend qu'à mi-jambe. De-là jufqu'à la cheville
» du pied, tombe une dentelle au travers de
» laquelle on apperçoit les bouts des jarretieres
» d'or ou d'argent, & garnies de perles, « p. 240.

Quel eft l'artifice qui peut faire cacher ordinairement les pieds à une femme dont l'habit ne defcend qu'à mi-jambe ? & quelle *adreffe* heureufe y a-t-il dans cette femme à laiffer voir quelquefois des pieds qu'elle ne peut cacher, puifque de mi-jambe jufqu'à la cheville, elle n'eft couverte que d'une dentelle au travers de laquelle on voit aifément des objets bien plus petits que ne font les pieds, quelque petits qu'on les fuppofe ?

La Rhétorique brille bien plus dans l'Auteu

que la Philosophie & le raisonnement; il a voulu rendre sans doute la pensée de *Virgile*, lorsqu'il a dit d'une bergere rusée :

Confugit ad salices, & se cupit ante videri.

Mais *Virgile* ne s'est pas contredit, & en parlant de la belle *Galatée*, il n'a pas avancé de paradoxe.

En voici un autre à peu près dans le même genre.

„ Elles sont si jalouses (*les Péruviennes*) de
„ leur conserver leur propre beauté, (*de leurs*
„ *cheveux*) qu'elles n'y mettent pas le moindre
„ ornement, " p. 239.

„ Les fleurs donnent un nouvel attrait aux
„ femmes.

„ Elles (*les Péruviennes*) en garnissent leurs
„ manches, & quelquefois leurs cheveux, com-
„ me des bergeres, " p. 241.

C'est toujours la Rhétorique en contradiction avec la Philosophie. Le malheur est bien plus grand, quand la Philosophie est en contradiction avec le bon sens, la vérité, les Loix & la Religion.

„ Le fruit d'un établissement si sage (*des Hô-*
„ *pitaux de Campagne.*) est perdu par l'avarice
„ des Administrateurs, " p. 277.

Les Hôpitaux ne sont plus des *Institutions superstitieuses*, propres à entretenir la *paresse & la barbarie*, comme l'Auteur l'a assuré formellement, Tom. I, p. 27.

« Ces barbares ne se voient battus que lorsqu'ils sont enveloppés : s'ils peuvent gagner un lieu d'un accès difficile, ils se croient vainqueurs. La tête d'un Espagnol qu'ils portent en triomphe, les console de la mort de cent Indiens. Un tel peuple vaincra, » p. 293.

Ces peuples du *Chili*, dont il est question, combattent depuis 1541, & ils n'ont pas encore vaincu. Combien de siécles leur faut-il encore pour que la prophétie de nôtre Auteur s'accomplisse.

« Les Incas & les Jésuites ont fait également respecter la Religion par la pompe & l'appareil imposant du culte public. Rien de si magnifique, de si grand, que l'étoient les Temples du soleil ; & les Eglises du Paraguay sont comparables aux plus belles de l'Europe. Les Jésuites ont rendu le culte agréable sans en faire une comédie indécente. Une Musique qui plaît au cœur, des Cantiques touchans, des Peintures qui parlent aux yeux, la majesté des cérémonies attirent les Indiens

» dans les Eglises où le plaisir se confond pour
» eux avec la piété. C'est-là que la Religion
» est aimable, & c'est d'abord dans ses Minis-
» tres qu'elle s'y fait aimer. Rien n'égale la
» pureté des mœurs, le zele doux & tendre,
» les soins paternels des Jésuites du Paraguay.
» Chaque Pasteur est véritablement le pere com-
» me le guide de ses paroissiens. On n'y sent
» point son autorité, parce qu'il n'ordonne,
» ne défend & ne punit que ce que punit,
» défend & ordonne la Religion qu'ils adorent
» & chérissent tous comme lui-même, » p.
331.

Cet éloge de la Religion & des Missionnaires du Paraguay, est beau sans doute; seroit-il
possible que l'Auteur eût oublié que c'étoit l'é-
loge de la Religion Chrétienne? ou voudroit-il
nous faire croire que les Jésuites ont établi
& prêché au Paraguay une Religion de leur
façon & analogue par son culte pompeux, &
par la magnificence de ses temples, au culte &
aux temples du soleil? Enfin l'esprit de singu-
larité qui lui paroît si naturel, l'auroit-il porté
à se déclarer le défenseur & l'apologiste des
membres d'une société fameuse par ses disgra-
ces, autant que par sa chûte? Quoi qu'il en soit,

j'applaudis avec plaisir l'éloge qu'il fait de la Religion Chrétienne ; & je desire autant qu'un autre, que les Missionnaires du Paraguay méritent ceux qu'il donne à la pureté de leur zele, & à la droiture de leur intention ; mais on ne pouvoit pas s'attendre qu'un Philosophe de la trempe de l'Auteur, se dévouât à l'indignation publique en se déclarant ainsi le défenseur des Jésuites du Paraguay. Peu de personnes lui pardonneront aussi facilement que moi, de s'être écarté des idées que l'on se fait communément de ces bons peres. Je dois pourtant avertir le Lecteur, que la prévention de l'Auteur, en faveur des Jésuites, n'est pas soutenue. Il reviendra bientôt sur ses pas.

» La politique toujours inquiéte parce qu'elle
» est ambitieuse. — La politique soupçonnoit
» avec plus de vraisemblance, que les Républi-
» ques fondées par les Jésuites, pourroient
» bien aspirer un jour à une indépendance en-
» tiere, & peut être même, former le projet
» de renverser l'Empire à l'ombre duquel elles
» s'étoient élevées. Ces hommes si doux —
» étoient en même tems les meilleurs soldats
» du nouveau monde. Ils étoient très-exercés.
» Ils obéissoient par principe de Religion. Ils

» combattoient avec le Fanatisme qui condui-
» sit les martyrs du Christianisme sur l'écha-
» faut. — Ainsi la défiance qu'on avoit conçue
» offroit plus que de vains soupçons & de
» fausses alarmes, » p. 344 & 345.

Si les Jésuites n'élevoient les habitans du Paraguay, que pour leur faire secouer le joug de l'Espagne ; s'ils les exerçoient dans cette vue ; s'ils se servoient des motifs puissans de Religion, pour en faire des fanatiques, comme les martyrs du Christianisme ; si en un mot la Cour d'Espagne *avoit plus que de vains soupçons & de fausses alarmes* sur la soumission du Paraguay & sur la fidélité des Missionnaires, a-t-on eu tort de faire passer les Jésuites pour des ambitieux, des traîtres & des sujets aussi dangereux qu'infidéles ? A-t-on eu tort de les proscrire ? Comment donc l'Auteur qui paroît s'accorder dans ce dernier texte avec la plus grande partie des hommes, s'accorde-t-il si peu avec lui-même, lorsque dans le premier texte, il ne tarit pas sur les éloges qu'il donne aux vertus, au zele, au désintéressement, à la Religion, en un mot, des Missionnaires, & à la piété de leurs Néophites ? Mais j'ai tort d'accuser ici l'Auteur de ne pas s'accorder avec lui même ; il admet à la vérité le principe, mais il en tire une conséquence bien différente. Ecoutons-le lui-même s'expliquer.

„ La philosophie qui voit autrement que le
„ vulgaire, attend pour juger ces législateurs
„ (*les Jésuites*), que la conduite des habitans
„ du Paraguay parle & dépose en leur faveur
„ ou contre eux. Si ces peuples se soumettent
„ à l'Espagne — on dira que les Jésuites sont
„ plus occupés d'inspirer l'obéissance aux hom-
„ mes, que de les éclairer sur les principes
„ d'équité naturelle, dont ces sauvages étoient
„ si près : — mais si ces peuples armés & dis-
„ ciplinés repoussent les barbares oppresseurs
„ de leur patrie — les Philosophes diront que
„ les Jésuites ont travaillé au bonheur du genre
„ humain avec le désintéressement de la vertu,
„ p. 348.

Ce seul endroit prouve que j'ai eu raison d'avancer que l'Auteur alloit parfaitement la vertu & la Religion, avec la révolte & les désordres qui suivent toujours les infidélités des peuples vis-à-vis de leurs Souverains. Si l'on ne pouvoit pas soupçonner les Jésuites d'avoir voulu tramer & préparer de loin une révolution au Paraguay, pour le soustraire à la domination de l'Espagne, l'Auteur certainement ne les eût pas crus dignes de sa protection, ni de son admiration; ainsi il ne leur accorde l'une & l'autre, que parce que leur conduite lui a paru analogue à sa façon de penser. Je devois me contenter de lui dire que tout le monde ne pense pas comme lui ; & qu'il n'y a que lui & quelques-uns de ses Confreres qui traitent de *Fanatisme*, le courage des héros de la Religion Chrétienne ; & qui traitent de vertu le violement du serment de fidélité que des peuples ont fait à leurs Souverains; sur-tout quand, comme les habitans du Paraguay, ils n'ont fait ce serment solemnel qu'après y avoir réfléchi, & sans y être contraints par d'autre force que celle de la persuasion des Missionnaires qui leur en faisoient voir les avantages. Mais en supposant que l'odieux de la révolte que l'Auteur semble prévoir, & que certainement il desire dans le Paraguay, ne doive pas tomber sur les peuples qui s'y porteront ; le crime en retombera sur les Missionnaires, qui pour la ménager, la préparer & l'assurer, ont abusé de ce que la vertu & la probité ont de plus sacré, de la confiance que la Cour de *Madrid* leur avoit donnée. Si les principes de ces Missionnaires sont si peu d'accord avec la conduite qu'ils ont tenue, & qu'ils ont fait tenir jusqu'ici aux sauvages du Paraguay ; s'ils n'ont affecté de les tenir & de se tenir eux-mêmes dans la dépendance de l'Espagne, que pour mieux assurer la réussite du projet d'indépendance, & de la violation ouverte du serment, pendant que les *Philosophes diront que les Jésuites ont travaillé au bonheur du genre humain avec le désintéressement de la vertu, le vulgaire* dira que les Jésuites n'étoient que des fourbes, des monstres qui autorisoient, & qui conduisoient au parjure ; il dira qu'en éclairant les sauvages du Paraguay, & en leur donnant *une Religion*, ils ont corrompu & perverti en eux *les principes d'équité naturelle, dont ils étoient si près*. Mais alors le vulgaire ne raisonnera-t-il pas mieux que les Philosophes ?

Quand je m'explique ainsi contre les Jésuites, ce n'est que pour raisonner en conséquence des principes de l'Auteur, & pour faire voir, qu'en voulant les justifier, il les noircit réellement. Je ne prononce pas sur des faits qu'il est si difficile d'envisager sous le point de vue du vrai : ils se sont passés trop loin de nous, pour pouvoir en juger sainement ; aucun des Historiens

riens qui nous les ont transmis, n'est assez impartial pour mériter la moindre créance ; chacun a écrit & narré selon qu'il s'est trouvé affecté pour ou contre les Jésuites.

» La facilité avec laquelle les Missionnaires, » proscrits par la Cour de Madrid, ont évacué » un Empire qu'il leur étoit si aisé de défendre, » les a justifiés aux yeux d'une grande partie » du Public, du reproche d'ambition dont » leurs ennemis ont fait retentir l'Europe, « p. 347 & 348.

C'est ce qu'on pouvoit dire de mieux en leur faveur ; & leur apologiste devoit s'en tenir à cette courte, mais solide justification.

» Quand cette espérance seroit vaine, il » n'en faudroit pas moins construire, & tenir » dans une activité continuelle une escadre que » les malheurs de la guerre ne pourroient occu- » per que par intervalles, « p. 357.

L'Auteur étale toute son éloquence & toute sa politique en faveur de l'Espagne, depuis la page 359 jusqu'à la page 367 ; mais comme ses grandes idées portent toutes sur le même principe, c'est-à-dire sur la construction & l'activité d'une escadre, on peut naturellement conclure qu'il fait des frais inutiles en spécu-

M

lations pour une Nation qu'il croit lui même être dans un état à ne pouvoir pas en profiter, & qui selon lui, n'a d'ailleurs rien à craindre de la part des autres Nations, pour les possessions dans l'Amérique méridionale. Qu'on lise attentivement le texte que j'indique aux pages citées, & qu'il eut été trop long d'extraire, on y decouvrira beaucoup de contradictions frappantes, sur-tout si on rapproche l'Auteur de lui-même à l'article de la conquête du Pérou.

» C'est dans ces montagnes (*les Cordelieres*)
» que se régénere en secret une race légitime
» qui doit un jour, & peut-être bientôt, retirer
» ses biens, ses droits & sa liberté des mains
» avides & cruelles de l'usurpateur du Nouveau
» Monde, « p. 387 & 388.

Que l'usurpateur du Nouveau Monde se rassure ; la juste vengeance de cette race qui se régénere en secret, n'est pas encore prête à éclater, ou du moins les suites n'en sont pas bien à craindre. L'Auteur même en convient quelques lignes après. » Ainsi le luxe & l'indigence qui le pressent, (*l'Indien*) l'ont réduit à cacher à l'écart
» sa nudité, à vivre seul, & à renoncer à sa postérité, « p. 388.

Conçoit-on qu'une *race se regénere en renon-*

çant à sa postérité ? Conçoit-on que cette race, en renonçant à sa postérité, soit prête à retirer *bientôt ses biens, ses droits & sa liberté des mains avides & cruelles de l'usurpateur du Nouveau Monde ?*

„ La superstition, quelle qu'en soit la cause,
„ est répandue chez tous les peuples sauvages &
„ policés, « p. 397.

L'Auteur a perdu de vue le peuple de la Chine ; il ne pense plus à lui dans ce moment: car certainement s'il y pensoit, ou s'il n'avoit pas oublié qu'il a assuré qu'à la Chine il n'y avoit pas de superstition, il auroit fait ici une exception, en faveur des Chinois, à la regle générale, que nous croyons devoir n'en pas souffrir d'aucune espece.

„ Elle (*l'Espagne*) a cru trop long-temps que
„ la liberté de conscience ne pouvoit être fondée
„ que sur l'impiété la plus monstrueuse, & que
„ la tolérance n'étoit pas même favorable à la
„ politique. — Si les Payens avoient raisonné
„ ainsi, jamais le Christianisme ne se fût établi,
p. 403.

Les Payens pensoient comme l'Espagne. L'Inquisition, ce Tribunal inique, teint trop souvent du sang innocent, n'est qu'une foible image de l'Inquifition que les Payens établirent contre les Chrétiens. Il eft également contre la vérité de l'Hiftoire, & contre la bonne-foi, de vouloir faire croire que les Payens toléroient le Chriftianifme, & qu'en cela ils étoient meilleurs politiques que les Efpagnols. Le Paganifme n'a jamais toléré le Chriftianifme, & ce n'eft que lorfque le fang des Martyrs eut abreuvé la terre & lui eut fervi de femence pour enfanter des Chrétiens, ce n'eft qu'alors que le Paganifme ceffa de perfécuter le Chriftianifme, parce qu'il fe vit réduit à céder la place, malgré fes efforts, à un rival trop puiffant pour qu'il pût lui réfifter plus long-temps. Que pouvoient en effet des Dieux de pierre, de bronze & de bois, contre le Dieu fort, le Dieu puiffant, en un mot contre l'Eternel ? Avancer que le Paganifme étoit tolérant, c'eft avancer une fauffeté impardonnable.

» On fait que cette Nation, (*les Juifs*) long-» temps concentrée dans un petit & miférable » coin de terre, fut difperfée par les Romains; » — plufieurs de fes membres fe réfugierent en » Portugal, p. « 427.

La Paleftine, la Syrie & la Judée peuvent être regardées comme un *petit coin de terre*, par rapport à la grandeur du globe ; mais il est faux que ce *petit coin* fût *misérable*.

L'article du *Brésil* offre moins de contradictions que les autres ; la vérité de l'Histoire y est plus scrupuleusement gardée ; les détails de l'Auteur sur les mœurs, les coutumes & la Religion des différens peuples de cette partie de l'Amérique, sont exacts. Le *Brésilien* se rapprochant plus que tout autre sauvage de l'homme de la *Nature* que de l'homme *social*, il se prête aussi beaucoup plus au système de notre Philosophe. Sans louer directement l'*athéisme* de ces sauvages, le Philosophe par ses réflexions, montre ou du moins laisse entrevoir le penchant qui l'entraîne vers l'homme de la simple Nature. Le plan que je me suis fait, m'interdit les longs détails ; je ne puis que par de courts extraits, prouver au Lecteur que je ne lui en impose pas ; j'espère qu'ils suffiront pour me justifier du reproche de calomnie ; mais ils ne suffiront peut-être pas pour présenter le système de l'Auteur dans tout son jour. C'est ici, plus que par-tout ailleurs, que le Philosophe a eu l'adresse & le soin de gazer ses pensées, de leur donner une enveloppe moins transparente, & de ne donner à ses expressions qu'un demi-ton de couleur. Un Lecteur qui en voudra juger sainement, doit lire le neuvieme Livre en entier, Tom. III, p. 422 & suiv. jusqu'à la fin du Volume.

» Leurs amusemens ne sont point interrom-
» pus par l'obligation d'honorer un Etre suprême
» qu'ils ignorent, ni leur tranquillité troublée
» par les terreurs d'une vie future dont ils n'ont
» point d'idée. — Les idées de dépendance & de
» soumission, qui ne dérivent parmi nous que
» de l'idée d'un Etre suprême, sont inconnues à
» ces peuples athées. Ils ne conçoivent pas qu'il
» existe d'homme assez audacieux pour vouloir
» commander ; encore moins imaginent-ils qu'il
» y en ait d'assez fous pour vouloir obéir, « p. 433.

Les deux épithétes, d'*audacieux* pour l'homme qui commande, & de *fous* pour ceux qui veulent obéir, ne sont peut-être pas celles que les Brésiliens donnent aux Souverains & aux sujets ; l'Auteur qui les employe par préférence, fait voir qu'elles lui paroissent justes & exactes.

» Le cours de la vie morale du sauvage est
» entierement opposé à celle de l'homme social.
» Celui-ci ne jouit des bienfaits de la Nature
» que dans son enfance. — Ainsi à l'âge des
» passions & des plaisirs, le tems sacré que la

» Nature destinoit à la jouissance, se passe dans
» la spéculation & dans l'amertume. Le cœur
» se refuse ce qu'il desire, se reproche ce qu'il
» s'est permis. — Regretant sans cesse la liberté
» qu'il a toujours sacrifiée, l'homme revient
» en soupirant sur ses premieres années. —
» Tandis que le sauvage qui jouit à chaque
» époque de sa vie des plaisirs & des biens
» qu'elle doit amener, & qui ne les sacrifie
» pas à l'espérance d'une vieillesse moins labo-
» rieuse, trouve également dans tous les lieux
» les objets analogues au desir qu'il éprouve ;
» il sent que la source de son plaisir est en lui-
» même, & que sa patrie est par-tout, » p.
434.

Ce brillant parallele n'est certainement pa
à l'avantage de l'homme social. Sa condition
est peinte avec des couleurs bien plus tristes
que la condition du sauvage, comme il est aisé
de s'en appercevoir ; l'homme en société est
un Théiste, l'homme de la Nature un Athée.
Le premier sacrifie *le tems sacré que la Nature
destine à la jouissance*, son cœur est perpétuellement en contradiction avec lui-même ; le
second *jouit à chaque époque de sa vie, des plaisirs & des biens qu'elle doit amener ; il ne les*

sacrifie jamais, il sent que la source de son plaisir est en lui-même. Il n'est pas difficile de voir de quel côté panche le Philosophe ; le vengeur & le défenseur de la Nature doit nécessairement pancher vers elle, lorsqu'il la représente sous des attraits si rians. Le tableau qu'il en fait ici est le commentaire le plus sûr de la premiere proposition qui sert de fondement à son système ; » *c'est un malheur que de connoître des* » *Gouvernemens, des Loix, & une Religion exclu-* » *sive,* « tom. I, p. 8.

» Quoique la tranquillité des *Brésiliens* n'ait
» pour base des Loix d'aucune espece, rien dans
» leurs petites sociétés n'est si rare que les dis-
» sensions, « p. 434.

» Celles (*les Brésiliennes*) qui manquent à la
» foi qu'elles ont jurée, sont punies du dernier
» supplice, & l'on ne rit point de l'homme qu'el-
» les ont trompé, p. 435.

Toute punition dans une société suppose un délit, & tout délit est un manquement à la Loi. Donc les Brésiliens ont dans leurs petites sociétés une Loi qui défend à leurs femmes la violation de la foi conjugale, & une Loi qui punit de mort l'infidélité de leurs femmes ; donc il est faux, comme l'Auteur l'assure dans le premier texte, que les Brésiliens n'ont *pour base de leur tranquillité, des Loix d'aucune espece*; puisque lui-même assure dans le second, que les Brésiliens *punissent du dernier supplice les femmes qui manquent à la foi qu'elles ont jurée.*

» Cette hospitalité (*celle des Brésiliens*) est un
» des plus sûrs indices de l'instinct & de la des-
» tination de l'homme pour la société. C'est le
» plus beau caractere des peuples sauvages; ce-
» lui où devroient s'arrêter peut-être les progrès
» de la Police & des Institutions sociales, « p. 435 & 436.

Tout autre Réglement de Police, toute autre Institution sociale, paroissent superflus à notre Philosophe. Avec leur amour pour l'hospitalité, les Brésiliens ont tout ce qu'il faut pour être justes. Peut-être le reste des hommes devroient ils réformer *leur Police* & toutes leurs *Institutions sociales*. La Philosophie moderne y gagneroit sans doute; mais la société y gagneroit elle, si les hommes qui la composent pouvoient à leur gré la troubler, pourvu qu'ils fussent hospitaliers ? L'hospitalité sans doute est une des premieres vertus morales; elle en suppose même beaucoup d'autres; mais les suppose-elle toutes?

Les *Brésiliens*, ce peuple si doux & si heureux dans l'état de nature ; les Brésiliens, dis-je, sont antropophages ; ils mangent avec un grand appareil leurs prisonniers de guerre ; quelquefois même certains d'entre eux, que l'Auteur appelle des *Maniaques*, » se cantonnent seuls dans le » coin d'une forêt, attendent le passant, — le » tirent, le tuent, se jettent sur le cadavre, & » le dévorent, « p. 439. La Nature inspire-t-elle cette rage & cette fureur ? Non sans doute, répondra tout homme sensé. Qui le croiroit cependant ! le Philosophe emploie trois pages entieres à excuser les *Brésiliens* sur cette atrocité; cette espece d'apologie commence à la page 438, & finit à la page 441. Par une suite de raisonnemens, il s'efforce de prouver que quoique l'antropophagie soit un crime détestable, le *Brésilien* qui s'en souille, n'est pas plus coupable que l'homme *social* qui vole pour se nourrir. La paresse & la misere parmi nous, occasionnent le vol & les assassinats ; la misere & la paresse chez les *Brésiliens* occasionnent le vol & l'assassinat de son semblable, & en le mangeant, il n'ajoute rien ou presque rien à son crime.

» Tous les vices moraux qui conduisent l'hom-
» me policé au vol, doivent conduire le sauvage
» au même résultat, le vol : or le seul qu'un sau-

» vage soit tenté de faire, c'est la vie d'un sau-
» vage qu'il trouve bon à manger, « p. 441.

C'est le résultat & comme la conclusion de tout ce qu'il a dit, pour prouver que *l'antropophagie* des Brésiliens n'est qu'une suite de la misere ou de la paresse de ceux qui s'y livrent ; car par rapport à *l'antropophagie* nationale, c'est à-dire, celle à laquelle les Brésiliens s'abandonnent après une bataille, pour manger les prisonniers qu'ils y ont fait, elle ne peut être regardée pour un crime. En voici la preuve dans l'Auteur lui-même.

» Le sort des prisonniers de guerre a suivi les
» différens âges de la raison. Les Nations les plus
» policées les rançonnent, les échangent ou les
» restituent. — Les peuples à demi barbares se les
» approprient & les réduisent en esclavage. Les
» sauvages ordinaires les massacrent sans les tour-
» menter. Les plus sauvages des hommes les tour-
» mentent, les égorgent & les mangent. C'est leur
» droit des gens, « p. 439.

Si les Brésiliens, qui sont dans la derniere des quatre classes dont l'Auteur fait mention, en mangeant leurs prisonniers de guerre, ne font que suivre *leur droit des gens*, certainement ils ne sont pas plus coupables, plus barbares, ni plus cruels que les autres Nations, ou du moins ils ne font pas plus repréhenfibles. Cette idée du *droit des gens* eft neuve : mais eft-elle exacte ? l'application eft elle heureufe ? ou plutôt peut-on confondre fi méchamment le *droit des gens* avec des excès de cruautés, en un mot avec *l'antropophagie* que l'humanité repouffe ? Quelle eft donc cette *obligation importante* que la raifon a à la Philofophie ? L'Auteur m'accufera peut-être de ne pas l'entendre, ou de le mal interpréter ; fi je ne l'entends pas, fi je l'interprête mal, c'eft fa faute ; pourquoi employer trois pages en raifonnemens qui ne fignifient rien & qui font inutiles, s'ils n'ont pas le fens que je leur attribue ; mais il n'eft nullement difficile de s'appercevoir que ce font des matériaux épars & jettés à deffein, pour être raffemblés & employés au befoin à la conftruction de l'édifice philofophique, où leur place eft déja marquée.

Pour réfuter le fentiment qui admet l'exiftence des *Amazones*, il me paroît qu'entre les preuves que l'Auteur emploie, il en eft une qu'on peut retorquer avec avantage contre lui-même : la voici.

« Mais le fexe le plus doux, le plus compa-

» tiſſant, pouvoit-il expoſer ou égorger ſes en-
» fans, ſous prétexte que ſes enfans n'étoient
» pas des filles; & commettre de ſang-froid,
» d'un accord général, des atrocités qui appar-
» tiennent à peine à quelques individus qu'agi-
» tent la rage & le déſeſpoir ? « p. 469.

Mais peut-on dire à l'Auteur, tout un peuple *ſage, éclairé*, un peuple dont *l'hiſtoire devroit être celle des hommes*, les Chinois enfin, peuvent-ils d'un commun accord, *expoſer, mutiler*, ou *égorger* tous ceux de leurs enfans qui leur feroient à charge, ſous prétexte que ces enfans ont quelque défaut naturel, ou que même, ſans en avoir, ils prendroient trop, s'ils vivoient, ſur l'aiſance, les commodités & la nourriture de leurs parens ? J'ignore ce que pourroit répondre l'Auteur à un argument auſſi preſſant.

» Mais on conſerva dans les deux Cours
(dans celle de *Madrid* & dans celle de *Lisbonne*)
» un vif reſſentiment contre les Jéſuites, qu'on
» croyoit avoir allumé la guerre dans le Paraguay
» pour leurs intérêts particuliers.

» Nous ignorons à quel point cette accuſation
» peut être fondée. Les preuves n'en ont pas été
» portées au tribunal des Nations. Tout ce qu'un
» Ecrivain, réduit aux conjectures, peut ſe per-

» mettre, c'est qu'elle a une grande vraisemblan-
» ce. « p. 488.

Un homme qui a pris si vivement le parti des Missionnaires du Paraguay, qui les a justifiés du reproche d'intérêt, qui a loué leur *zele désintéressé*, qui en un mot les a vengés de tous leurs ennemis, par l'apologie la plus glorieuse, comme la plus énergique; un tel homme, dis-je, ne devroit pas trouver *de la vraisemblance*, & une *grande vraisemblance* dans l'imputation odieuse qu'on fait aux Jésuites du Paraguay, d'y avoir allumé la guerre entre les Espagnols & les Portugais, pour leurs *intérêts particuliers*. *Réduit aux conjectures*, il ne falloit pas les tourner du côté qui noircit les Missionnaires; l'Auteur auroit été plus conséquent s'il s'étoit tû sur cet événement, jusqu'à ce que les preuves en eussent été *portées au tribunal des Nations*.

L'Auteur en finissant l'article du Brésil, donne à son ordinaire des conseils salutaires au Ministere de Lisbonne. Le meilleur & le plus solide sans doute, c'est celui de sortir au plutôt de la tutele des Anglois, de finir de travailler au profit de ces fiers Insulaires, & de permettre aux autres Nations de partager avec eux le produit des mines du Brésil. Outre qu'il est le meilleur, il est encore le plus facile à suivre dans la conjoncture actuelle.

EXTRAITS

Du Tome IV.

„ Ces Insulaires (*les Caraïbes*) connoissoient
„ peu les grands mouvemens de l'ame, sans en
„ excepter celui de l'amour, " p. 28.

On a toujours mis au nombre des grands mouvements de l'ame, la *colere*, la *vengeance* & la *haine*, sur-tout lorsque ces passions sont portées à l'excès : voyons si les Caraïbes ne les *connoissoient que peu* ; l'Auteur lui-même va nous instruire à ce sujet.

„ Cependant ces tristes fêtes (*celles des Caraïbes*) „ semblables à ces tems sombres qui
„ couvent des orages, se terminoient rarement
„ sans effusion de sang : — l'ivresse échauffoit
„ & ranimoit entre les familles, des inimitiés
„ assoupies ou mal éteintes. On finissoit par s'é-
„ gorger. La *haine* & la *vengeance*, les seuls sen-
„ timens profonds qui pussent émouvoir ces ames
„ sauvages, se perpétuoient ainsi par le plaisir
„ même, " p. 31.

Les ennemis des *Caraïbes*, pris les armes à la main contre eux, n'étoient pas traités avec plus de modération & plus d'humanité. Le prisonnier de guerre étoit mangé sur le champ de bataille, & ce mets assaisonné par la vengeance, étoit succulent & délicieux pour des sauvages, dont *l'ame n'étoit que peu sensible & peu agitée par les grands mouvemens.*

Que penser d'un Philosophe qui ne rougit pas de dire, que les „ *Caraïbes* n'avoient pas le cœur „ gâté par les mauvaises Institutions qui nous cor- „ rompent ? " p. 27.

Que penser encore d'un Philosophe qui assure que „ les Loix, les échafauds, ces digues par- „ tout élevées pour garantir les usurpations an- „ ciennes contre les usurpations nouvelles, étoient „ inutiles à des hommes qui ne suivoient que la „ Nature ? " p. 28.

Si les Loix & les échafauds ne servent chez nous que pour garantir les usurpations anciennes contre les usurpations nouvelles, les Loix sont injustes; il faut les abolir pour faire disparoître les usurpations anciennes ; les échafauds émanant d'une autorité cruelle & inique, il faut les détruire, afin de ne plus arrêter le cours des usurpations nouvelles, qui cesseront d'être des usurpations

pations, & qui ne seront plus qu'un rétablissement de l'ordre général & une restitution du droit commun. Enfin, si nos Institutions ne sont bonnes qu'à gâter le cœur, il faut les renverser, les anéantir, il faut ne suivre que la Nature à la façon des *Caraïbes*, & en ne suivant qu'elle, égorgeons-nous à la fin de nos festins, faisons ruisseler le sang de nos convives, après nous être enivrés avec eux; mais sur-tout ne quittons pas le champ de bataille sans avoir mangé nos prisonniers de guerre; devenons *antropophages* pour compléter la victoire, & en ne suivant que la seule Nature, faisons un acte de barbarie que la Nature repousse le plus.

„ La Philosophie commençoit à parler de *l'hu-*
» *manité*, que l'imposture ne cesse d'appeller un
» cri de révolte contre la Religion, " p. 89.

La société, l'humanité même, ont de grandes obligations à la Philosophie; mais ce n'est pas à celle *qu'on ne cesse d'appeller*, avec raison, *un cri de révolte contre la Religion*; ce n'est pas à celle, en un mot, dont notre Philosophe établit & explique les principes dans son Livre. Inutilement le Philosophe moderne voudroit-il être confondu avec les grands hommes, qui en développant les principes de la raison, ont respecté la Religion. Ceux-ci se sont permis d'éclairer l'homme, & de l'enlever aux préjugés barbares qui lui faisoient confondre la superstition avec le devoir, en le retirant de l'ignorance honteuse dans laquelle toutes les Nations ont vécu pendant trop long temps ; le véritable Philosophe a montré la route qui conduit à la vérité, mais au bout de cette carriere, il a montré avec soin le sanctuaire de la Religion Chrétienne, comme le but unique auquel l'homme raisonnable devoit tendre ; l'autre a tout confondu, & en conduisant l'homme par des sentiers tortueux, il semble s'être uniquement attaché à le faire aboutir au précipice ; les véritables Philosophes ont concilié les devoirs de l'homme social, avec ceux de l'homme Chrétien ; les droits de la Nature avec ceux de la Religion ; ils ont fait plus, ils ont démontré la liaison nécessaire des devoirs & des droits de l'homme, avec les devoirs & les droits du Chrétien. Le Philosophe moderne au contraire, tranche ce nœud sacré, & tout voué à la Nature, il rapporte tout à elle, & enleve tout à la Religion. Enfin le Philosophe Chrétien enseigne que les commandemens de Dieu sont assez justes par eux-mêmes, pour porter l'homme à les exécuter par un motif plus raisonnable que celui de la crainte d'un châtiment barbare, & notre Philosophe assure que les " coups de bâton font tantôt observer, " & tantôt violer les commandemens de Dieu," p. 39.

Cette saillie, qui d'ailleurs n'est pas neuve, est indécente par elle-même, mais elle est impie dans la bouche de l'homme qui ne reconnoît d'autre Dieu que la Nature.

" La populace de *Londres*, la plus vile po-
" pulace de l'univers, comme le peuple Anglois,
" considéré politiquement, est le premier peu-
" ple du Monde, soutenue de vingt mille jeu-
" nes gens de famille, élevés dans le négoce,
" assiége par des cris & des menaces, le Sénat
" de la Nation, & regle ses délibérations :
" souvent ces clameurs sont excitées par une
" faction du Parlement lui-même, p. 93.

Un peuple de quelque façon qu'on le considere, & sur-tout si on l'envisage du côté de la politique, peut-il être considéré comme " *le* " *premier peuple du Monde*, lorsque *vingt mille* " *jeunes-gens de famille élevés dans le négoce*, ont le pouvoir de diriger les délibérations du Sénat, au point de le forcer à prendre souvent le plus mauvais de tous les partis possibles, relativement aux intérêts de la Nation ? Ce peuple peut-il être appellé le *premier du monde*, lorsque dans *le Sénat même*, il peut se former une puissante faction, qui rend inutiles les bonnes intentions du reste du Sénat, & qui par des menées sourdes, iniques & séditieuses, fait rompre les meilleures mesures à prendre, pour l'avantage & la gloire de la Nation ? Quel paradoxe ! Quelle prévention aveugle & injuste ! mais aussi quelle forte preuve contre la *liberté* dont jouit le peuple d'Angleterre, exaltée par notre Auteur ! une liberté excessive, qui bouleverse & qui détruit tout ; une liberté séditieuse & insolente, qui se permet les invectives & les atrocités ; une liberté enfin, qui doit tôt ou tard entraîner la Nation dans une ruine totale, après l'avoir perdue par dégrés ; une telle liberté mérite-t-elle qu'on lui prodigue des éloges, & un peuple politique qui en jouit, & qui permet, ou plutôt, qui ne peut empêcher que la populace n'en abuse, un tel peuple mérite-t-il le glorieux titre du *premier peuple du Monde ?* Enfin un peuple politique, qui forme souvent des accusations contre les grands hommes qui sont à la tête du

Gouvernement, ou des forces de la Nation, sans y croire, mais pour sacrifier à son orgueil ou à sa vengeance, des hommes qui après avoir fait leur devoir, ne mériteroient que des louanges, quoique la fortune n'ait pas secondé leurs efforts & leur fidélité, ce peuple politique peut-il être appellé *le premier peuple du Monde*? Cette derniere imputation est encore de l'Auteur : voici ses propres paroles.

„ Il (*Walpole*) doit être au-dessus de tout
„ soupçon, puisqu'il ne fut pas accusé de cor-
„ ruption dans un pays où l'on a souvent formé
„ ces accusations *sans y croire*, " p. 94.

Telle fut peut-être l'accusation formée contre le malheureux défenseur de *Minorque*. L'Auteur qui doute s'il étoit coupable, ou non, p. 107, fait néanmoins honneur au peuple Anglois de cette accusation, & en exagere en faveur de sa Nation favorite les avantages qui en résulterent. Mais il prète à toute l'Europe des sentimens qu'elle ne conçut certainement pas à cet événement tragique ; écoutons-le lui-même.

„ Le mât de son vaisseau (du vaisseau de
„ *Bing*) lui sert d'échafaud. L'Europe entiere
„ en apprenant cet événement tragique, fut

» frappé d'un étonnement mêlé d'admiration &
» d'effroi. On se crut ramené au temps des
» Républiques anciennes, « p. 107.

L'étonnement dont l'Europe entiere fut frappée, ne fut pas mêlé *d'admiration*, il fut mêlé d'*horreur* & d'effroi; le crime du malheureux *Bing* n'étant pas constaté & prouvé, comment l'Europe entiere auroit-elle été frappée *d'admiration*? On n'admire que les effets de la justice; ceux de la prévention, de l'orgueil, du dépit & de la vengeance, quand ils vont jusqu'au tragique, ne peuvent frapper que *d'indignation* & de *mépris*. *Bing* fusillé sur son bord, excita plus de compassion dans l'Europe entiere, que l'acte de la Nation qui l'avoit condamné, n'y excita d'admiration : cet illustre malheureux trouva plus de cœurs compatissans qui verserent des larmes sincéres sur sa mort, que la Nation ne trouva de cœurs insensibles qui admirerent son acte de sévérité; on pourroit peut-être dire, son acte d'injustice & de cruauté.

» Les Anglois plus libres & plus justes que
» les autres peuples monarchistes, ne pouvoient
» que gagner à venger le genre humain de
» l'oppression du nouveau monde, & à faire
» cesser les préjudices qu'elle cause à l'Europe
» entiere, p. 132.

Les démêlés actuels que les Anglois ont avec leurs Colonies, prouvent incontestablement cette vérité.

„ La Théologie qui s'est emparée de l'esprit
„ humain, par l'opinion qui a profité des pre-
„ mieres frayeurs de l'enfance, pour en inspirer
„ d'éternelles à la raison, qui a tout dénaturé,
„ Géographie, Astronomie, Physique, Histoire;
„ qui a voulu que tout fût merveille ou mystere,
„ pour avoir le droit de tout expliquer : la Théo-
„ logie, après avoir fait une race d'hommes
„ coupables & malheureux, par la faute d'*Adam*,
„ fait une race d'hommes noirs, pour punir le
„ fratricide de son fils. C'est de *Caïn* que sont
„ descendus les Négres.

Sans m'attacher à réfuter un Philosophe qui confond tout, qui par un mélange monstrueux des vérités de la Théologie avec des fables que la Théologie rejette & proscrit, s'attache à ridiculiser les Livres sacrés de notre Religion ; je lui demanderai seulement dans quel de ces Livres il a lu que les Négres sont descendus de *Caïn* ? dans quel Livre, de ceux que nous regardons comme inspirés, a-t-il lu ce fait ? Non, la Théologie qui n'a rien inventé par elle-même, mais qui nous a indiqué les sources où nous devons puiser nos

principes, n'a pas rendu tout merveille & mystere ; elle nous a seulement conservé ceux que le Tout-puissant a opérés, & ne s'est jamais arrogé le droit de les expliquer ; elle les a toujours regardés aussi incompréhensibles qu'adorables, & elle a justement proscrit tous les hommes audacieux qui ont entrepris d'expliquer, par des erreurs, des merveilles que notre foible raison doit respecter. » Grand Dieu ! quelles extrava-
» gances atroces t'imputent des Etres qui ne par-
» lent & n'agissent que par un bienfait continuel
» de ta puissance ! — Sont-ce les Démons qui te
» blasphèment, ou les hommes qui se disent tes
» Ministres ? « p. 152 & 153.

Cette apostrophe est grande, vive, énergique, digne de l'Etre suprême à qui elle est adressée, & en n'y changeant que le nom de *Ministres* en celui de *Philosophes*, je l'adopte avec plaisir. J'en appelle au tribunal de la raison, de la Religion & du bon sens, si l'on condamne le léger changement que je me suis permis d'y faire.

» C'est une opinion généralement reçue, que
» les Noirs qui arrivent en Amérique sont au-
» jourd'hui vendus à un prix beaucoup plus haut
» qu'ils ne l'étoient autrefois. On se trompe ; &
» l'erreur vient de ce que l'acheteur compte le

„ nombre des signes de valeur qu'il donne, au
„ lieu de ne compter que la quantité des den-
„ rées qu'il livre en échange, " p. 198.

Il est difficile d'accorder cette assertion avez celle qui suit.

„ L'Afrique, où les Européens vont recruter
„ la population de leurs Colonies, leur fournit
„ graduellement moins d'hommes; & en les don-
„ nant plus foibles, elle les vend plus cher. —
„ Il n'en reste pas moins démontré que, ren-
„ dus en Amérique, ils reviennent à un très-
„ haut prix, " p. 213.

„ Les opinions même des Européens influent
„ sur le sort des Négres de l'Amérique. Les Pro-
„ testans, qui n'ont pas l'esprit de prosélytisme,
„ les laissent vivre dans le Mahométisme ou dans
„ l'Idolâtrie, où ils sont nés, sous prétexte qu'il
„ seroit indigne de tenir *ses freres en Christ* dans
„ la servitude, " p. 205.

C'est bien peu connoître les Protestans, ou c'est vouloir les calomnier à pure perte, que de leur faire regarder les Mahométans & les Idolâtres comme leurs *freres en Christ*. Ils ont trop de respect pour le Sacrement du *Baptême*, pour le regarder comme une véritable servitude, plus onéreuse & plus insupportable que celle à laquelle néanmoins ils aſſujétiſſent, comme les Catholiques, leurs Noirs & leurs Eſclaves. S'il eſt vrai qu'ils ne les baptiſent pas, c'eſt ſans doute pour d'autres motifs que pour ceux que l'Auteur leur prête mal-à-propos. Les Proteſtans ſe comportent ſans doute vis-à-vis de leurs Noirs, comme tout Chrétien éclairé devroit faire, c'eſt-à-dire, qu'ils adminiſtrent le Baptême à ceux de leurs Eſclaves qu'ils prévoient raiſonnablement devoir perſiſter dans les principes du Chriſtianiſme; & qu'ils ne s'expoſent pas légérement à la profanation d'un Sacrement, par rapport aux adultes, dans leſquels ils ne reconnoiſſent pas des diſpoſitions ſuffiſantes pour en profiter. ,, Car on ne s'avilira point ici juſ- ,, qu'à groſſir la liſte ignominieuſe de ces Ecri- ,, vains qui conſacrent leurs talens à juſtifier, ,, par la politique, ce que réprouve la morale,,, p. 216.

Ce n'eſt ici que le commencement d'une déclamation forte, vive, énergique, & même très-ſolide, qui ne finit qu'à la page 223. L'Auteur y prouve, y démontre même l'injuſtice & la cruauté de l'eſclavage. S'il n'a prétendu parler qu'en faveur de ces miſérables qu'on expatrie par force, qu'on charge de chaînes, & qu'on force à un travail excessif, sans d'autre droit que celui d'un achat qui ne devroit avoir lieu que pour les animaux, j'applaudis à son zele, à son humanité, & à son éloquence pathétique. Ce morceau cependant doit être lu avec précaution ; les expressions y sont si générales, & les applications en faveur de son système général sur le prétendu esclavage des Nations, y sont si faciles à faire, que si l'Auteur n'a pas lui-même voulu donner le change, il est très-facile de le prendre. Ainsi en appliquant ses principes à l'esclavage réel, il est très-fondé ; mais s'il prétend les étendre à ce qu'il lui plaît appeller *Esclavage*, dans tout le cours de son Ouvrage, son zele devient un véritable fanatisme.

» Qu'est-ce que ces vaines dénominations de
» *Juifs*, de *Luthériens*, de *François* ou de *Hol-*
» *landois* ? Malheureux habitans d'une terre si
» pénible à cultiver, n'êtes-vous pas tous hom-
» mes ? « p. 337.

Oui sans doute, ils le sont tous, & sous ce rapport, il est injuste, il est même cruel qu'ils se persécutent, & qu'ils se détruisent mutuellement. Mais parce qu'ils sont tous hommes, parce qu'ils doivent tous s'aimer, & même se soulager les uns les autres, la dénomination de

Juif, de Mahométan & d'Idolâtre est-elle une dénomination vaine & indifférente ? Doit-elle être confondue avec la dénomination du Chrétien ? Il n'y a que l'ennemi du Christianisme qui puisse dire que la distinction ou la dénomination des autres Religions est vaine. Un véritable Chrétien ne persécutera jamais un tel homme, mais il le plaindra, s'il ne cherche pas à accréditer son erreur, & il le dénoncera à l'indignation publique, s'il cherche à faire des prosélytes.

» La tranquillité n'est qu'apparente dans la
» *Guiane Hollandoise*. — Le germe de la révolu-
» tion couve & mûrit en secret dans les forêts
» d'*Anka* & de *Sarmaca*.

» Ces déserts peuplés de tous les esclaves que
» la fuite a pu soustraire au joug de l'avare Hol-
» landois, ont vu se former successivement une
» espèce de République, composée de quinze
» ou seize mille habitans, partagés en plusieurs
» Villages, dont chacun se choisit un Chef. —
» Il me semble voir ce peuple esclave de l'*Egyp-
» te*, qui, réfugié dans les déserts de l'*Arabie*,
» erra durant quarante ans, tâta tous les peuples
» voisins, les harcela, les entama tour-à-tour, &
» par de légères & fréquentes incursions, pré-

» para l'invasion de la *Palestine*. Si la Nature
» forme par hazard une grande ame dans un
» corps d'ébene ; une tête forte sous la toison
» d'un Négre ; si quelque Européen, &c. &c. &c.
p. 352 & 353.

Il suffit, je pense, d'avoir extrait cet article, pour le réfuter, & pour prouver qu'il contient plus de malignité, que de vérité & d'instruction. La comparaison du peuple Juif errant dans le désert après la sortie d'*Egypte*, & des Esclaves échappés aux Hollandois, errans ou plutôt établis dans les forêts d'*Anka* & de *Sarmaca*, est autant la preuve d'un esprit irréligieux, que peu conséquent ; puisque ce n'est que dans l'histoire de *Moyse* que l'Auteur a pu prendre connoissance de la sortie d'*Egypte*, & des suites qu'elle eut pour le peuple qui rompit ses fers ; il auroit dû s'appercevoir par le détail, qu'il n'y a aucun trait de conformité avec la sortie de ces hommes à corps d'ébene, à *têtes à toison*, de la *Guiane Hollandoise*. L'irréligion seule peut avoir dicté un parallele si insensé ; & il n'y a que l'imposture qui ait pu l'exagérer du côté des Négres, & en faire une calomnie du côté des Juifs. L'Auteur finit cette indécence par une exclamation qu'il s'applique à lui-même. L'hypocrisie ne se

couvrit jamais mieux du manteau de la vertu.
„ Faut-il que la barbarie de notre Police
„ Européenne inspire des vœux de sang & de
„ ruine à l'homme juste & humain, qui médite
„ d'assurer la paix & le bonheur de tous les
„ hommes ! « p. 353. Peut-on l'en croire, en
lisant son Livre ?

Il regne dans ce Volume un ton de déclamation qui le distingue des précédents, & qui le grossit considérablement. Ce ne sont que des apostrophes, des exclamations, des monologues & des dialogues dans lesquels l'art a plus de part que la vérité ; il prête des discours à des Sauvages qui ne les ont jamais prononcés ; voyez les pages 300, & 301 en particulier ; voyez encore les pages 225, 227, & 228. En un mot on y reconnoît presque par-tout, beaucoup plus le ton du Roman, que celui de l'Histoire, celui du Rhétoricien, que celui du Philosophe. J'en finirai l'Analyse imparfaite, par un trait qui prouve combien l'Auteur abandonne facilement le parti de ceux qui avoient eu la meilleure part à son estime.

„ On sait que ces hommes (*les Jésuites*)
„ admirables comme société, dangereux comme
„ Citoyens, détestables comme Religieux,

» étoient parvenus à tirer du fonds des forêts
» un nombre considérable de Sauvages, « p.
278.

Ce sont ces mêmes Religieux du Paraguay, dont les mœurs, la doctrine, l'exemple & le zele avoient fait aimer la Religion aux Sauvages, ces Missionnaires que leurs ennemis ont calomniés. C'est cette société *admirable* que l'Europe s'est empressée de détruire & d'anéantir ; & en un mot ce sont ces Citoyens *dangereux*, que l'on n'a pas enfermés, & desquels on n'a pas cru avoir grand chose à craindre, lorsqu'ils ont été détachés du corps que l'on redoutoit. C'est en trois ou quatre lignes, savoir avancer un paradoxe qui ne signifie rien, ou qui énonce plusieurs contradictions, tant avec l'Auteur, qu'avec l'opinion générale des hommes.

EXTRAITS

Du Tome V.

„ Ainsi en Amérique comme en Europe, ce
» fera le Nord qui fubjuguera le Midi ; — l'un
» pourra policer des peuples fauvages par fes
» liaifons avec des peuples libres ; l'autre ne
» fera jamais qu'un alliage monftrueux d'une
» race d'efclaves avec une Nation de tyrans, «
p. 29.

L'Amérique feptentrionale eft actuellement
fous la domination de l'Angleterre ; ne foyons
pas furpris fi l'Auteur fait ici une prédiction
toute à l'avantage de cette heureufe Nation ;
il eft dommage que les circonftances ne paroiffent pas favorables au Prophète : mais auffi, fi
la prophétie a fon accompliffement, elle fera
plus d'honneur à notre Politique. Il paroît que
notre Hiftorien veut faire croire que le Nord
de l'Europe a déja fubjugué le Midi, ou du
moins qu'il le fubjuguera ; car fa propofition
peut avoir l'un & l'autre de ces deux fens.
Dans quelque fens qu'on l'entende, elle n'en
eft pas moins ridicule : dans le premier, elle eft

fauffe,

fausse, puisque les Puissances du Nord n'ont pas encore rendu tributaires celles du Midi, & que l'accroissement des forces des premieres semble être à son comble; on peut dire qu'elles ont fait tout ce qu'elles pouvoient faire; il y en a même certaines qui ont porté leur gloire & leur agrandissement bien au-delà de ce qu'elles pouvoient espérer. Peut-être est-ce pour tomber de plus haut. Dans le second sens, la proposition est absurde; la France, l'Espagne & l'Italie n'auroient peut-être pas besoin de se lier ensemble, pour repousser les tentatives aussi téméraires qu'inutiles, que les Puissances du Nord pourroient faire pour asservir le Midi de l'Europe. Quoi qu'en dise notre Politique, les Nations du Midi, qui, selon lui, ne sont que des *Nations de tyrans*, n'ont pas à redouter les Nations du Nord, quelque *libres* que l'Auteur les suppose.

» Assez de tableaux éloquens, de peintures
» ingénieuses, amusent & trompent la multitu-
» de sur les pays éloignés. Il est temps d'appré-
» cier la vérité. Le résultat de leur histoire est de
» savoir moins ce qu'ils ont été, que ce qu'ils
» sont. Car l'histoire du passé n'appartient gue-
» res plus au siécle où nous vivons, que celle
» de l'avenir, « p. 102.

O

Cette maxime est sans doute la plus judicieuse de toutes celles que l'Auteur a mises en avant. Quel dommage qu'il ne l'ait sérieusement méditée dès le commencement de son Ouvrage! Que *de tableaux & de peintures ingénieuses* n'eût-il pas retranché! *S'il eût apprécié la vérité de l'Histoire*, sans doute qu'il n'auroit pas cherché à amuser & à tromper la multitude, comme il le fait évidemment; *s'il eût apprécié la vérité de l'Histoire*, il ne lui auroit pas substitué ses idées trop dangereuses; *s'il eût apprécié la vérité de l'Histoire*, il auroit montré moins de partialité pour certains peuples, tant de l'ancien que du nouveau Continent; *s'il eût apprécié la vérité de l'Histoire*, il auroit moins outragé la Religion Chrétienne; si enfin *il eût apprécié la vérité de l'Histoire*, son travail auroit été plus utile à la société, parce qu'il auroit instruit les hommes de ce qu'ils doivent à la Religion, aux Souverains, & à leurs semblables. Son Livre réduit au moins de trois quarts, seroit un très bon Livre, parce qu'alors l'Historien renfermé dans les bornes d'une narration aussi exacte qu'intéressante, mériteroit les éloges qu'on est forcé de refuser au Philosophe politique, qui confond tout, pour étayer un système monstrueux d'irréligion & d'indépendance, dont la seule exposition révolte.

„ Ceux-ci (les Négres de Saint Domingue,
„ échappés à l'esclavage sous Philippe V,) s'en-
„ foncerent dans des montagnes inaccessibles,
„ où ils se sont multipliés au point d'offrir un
„ asyle assuré à tous les esclaves qui peuvent les
„ y aller joindre. C'est-là que, graces à la cruauté
„ des Nations civilisées, ils deviennent libres &
„ féroces comme des tigres; dans l'attente peut-
„ être d'un Chef & d'un Conquérant qui réta-
„ blisse les droits de l'humanité violée.....
„ &c." p. 166.

Nous avons vu déja plus d'une fois des esclaves échappés, & des Sauvages réfugiés dans des montagnes inaccessibles, qui se multiplient prodigieusement, & qui n'attendent qu'un Chef pour les conduire à la vengeance, au meurtre & au pillage, ou plutôt à la conquête d'une Terre que les Européens leur ont injustement enlevée. Si jamais tous ces fugitifs peuvent se joindre; si jamais ils se vengent sous l'autorité d'un homme en état de les conduire, les Européens ont tout à craindre, & eux tout à espérer. Selon toutes les apparences ces peuples fugitifs s'occupent plus du présent que de l'avenir; ils pensent moins à un libérateur que rien ne leur annonce, qu'à chercher leur subsistance

actuelle ; ils s'occupent moins de leur grandeur
future, que de leur indépendance actuelle ;
en un mot, l'Auteur est le seul peut-être qui
forme des vœux pour que l'Amérique retombe
toute entiere au pouvoir de ses anciens habitans, combiné avec le pouvoir des Africains
que les Européens y ont introduits. Quoi qu'il
en soit de la légitimité, de la pureté & du désintéressement de ces vœux, rien ne paroît annoncer la révolution dont notre Philosophe
paroît menacer l'Europe. S'il étoit plus conséquent, il devroit voir lui-même combien cette
espérance est vaine ; car quelle apparence que
la puissance redoutable, qui domine sur l'Amérique septentrionale, & qui doit conquérir
l'Amérique méridionale sur les *Nations des
tyrans* qui y regnent aujourd'hui ; quelle apparence en un mot, que les Anglois puissent jamais succomber sous les efforts d'un peuple fugitif & vagabond ? La moitié du globe ayant
passé sous la domination angloise, quels puissans moyens n'aura pas cette Nation libre,
pour repousser les efforts d'un peuple, qui sans
secours & sans ressource, viendroit l'attaquer ?
On peut craindre quelques dévastations passa-
geres, de la part des Sauvages ; mais assurer

que leur tour d'expulser les Européens, est proche, c'est faire *des tableaux éloquens, des peintures ingénieuses, pour amuser & tromper la multitude sur les pays éloignés.*

» La France voit encore son aisance gênée
» par cette servitude publique (celle des cor-
» vées) dont on a réduit l'injustice en méthode,
» comme pour lui donner une ombre de justice.
» Les suites de cet affreux système ont été en-
» core plus funestes à ses Colonies, « p. 188.

Il est faux que les corvées gênent encore l'aisance de la France : elles l'ont suspendue quelque temps à la vérité ; elles ont même excité des murmures & des plaintes inutiles ; mais le Gouvernement qui savoit que de ce mal passager, quoique considérable dans le temps, il devoit en résulter un très grand bien pour ceux même qui étoient les plus grévés, & qui se plaignoient le plus ; le Gouvernement, dis-je, a été sourd aux plaintes, & n'a voulu rien écouter jusqu'à ce que les routes & les chemins de communication aient été mis dans l'état où on les voit aujourd'hui ; les étrangers qui voyagent en France, attestent que le Ministère ne s'est pas trompé sur le bien qu'il s'étoit promis de son système, & toutes les Provinces de la France, mais particulierement les Provinces méridionales, se réunissent pour applaudir aujourd'hui aux mesures qu'on a prises pour leur faciliter le commerce intérieur qu'elles font les unes avec les autres. Il n'y a pas une Province en France, qui ne soit actuellement refaite abondamment des pertes que les corvées lui ont occasionnées dans le temps. La Guienne, celle de toutes qui s'est le plus plaint, parce qu'aussi c'étoit celle qui avoit le plus à souffrir, la Guienne voiture toutes ses productions aujourd'hui avec une facilité & une aisance qu'on ne pouvoit même pas se promettre. Trois chevaux, attelés à une charrette, ou deux bœufs sous le joug, portent aujourd'hui avec un seul conducteur, plus de marchandises, que n'en portoient quinze mulets conduits au moins par quatre hommes, avant qu'on n'eut mis les chemins dans l'état où on les voit aujourd'hui. Il n'y a pas vingt-cinq ans qu'on étoit réduit en France à voyager à cheval, ou tout au plus en litiere, encore les routes & les chemins étoient-ils si en désordre, qu'on avoit à craindre, ou de se précipiter en bas d'une montagne, qui n'offroit le plus souvent qu'un très-petit sentier presque impraticable, ou de s'embourber au milieu d'un chemin, sans pouvoir se dégager qu'après avoir appellé du secours, ou enfin de se noyer au passage d'une riviere guéable, ou même d'un petit ruisseau qui n'offroit que des bords dangereux & escarpés. Les corvées, en remédiant à tous ces inconvéniens, ont fait plus ; elles ont ouvert une communication aussi facile qu'utile entre toutes les petites Villes des Provinces & leurs Métropoles, & en facilitant l'exportation & l'importation de proche en proche, elles ont donné au commerce intérieur une facilité qu'il n'avoit jamais eue. Peut-on dire après cela, que *la France voit encore son aisance gênée par la servitude publique des corvées ?*

„ L'esprit de lumiere qui caractérise ce siécle,
„ — cet esprit de lumiere qui nous soutient &
„ nous guide encore, quand la morale croule
„ sur des fondemens ruineux, ramenera le Gou-
„ vernement à ses vrais intérêts, " p. 233.

Les fondemens de l'esprit philosophique qui caractérise ce siécle, sont donc bien plus solides que les fondemens de la morale ; le premier soutient, guide l'homme, lorsque la morale qui l'avoit abusé, en lui faisant illusion pendant si long-temps, croule sur des *fondemens ruineux.* Le Philosophe a-t-il senti toute l'absurdité de cette assertion, lorsqu'il l'a mise en avant ? A-t-il compris qu'un homme qui seroit assez corrompu pour ne pas reconnoître la solidité des principes de la morale, s'il étoit assez fou que d'en faire l'aveu public, s'exposeroit à se faire enfermer pour le reste de ses jours, même sous le Gouvernement le plus doux & le plus tolérant ? L'homme qui n'a pas de morale, est un homme sans principes ; & un homme sans principes doit être retranché du corps de la société ; bientôt il la troubleroit, bientôt il y mettroit le désordre, bientôt enfin la vie ni la fortune du Citoyen ne seroient assurées. L'esprit philosophique qui paroît faire des progrès dans notre siécle, loin d'être un *esprit de lumiere*, n'est au contraire qu'un *esprit d'erreur & de ténébres* ; il peut bien porter de rudes atteintes à la morale, mais la morale réparera toujours ses pertes avec avantage, & loin de *crouler sur des fondemens ruineux*, elle survivra à son ennemi, & finira par le terrasser.

„ Ces Créoles qui naturellement ont de la
„ pénétration, de la franchise, de l'élévation,
„ un certain amour de la justice qui naît de ces
„ belles qualités ; touchés des marques d'estime
„ & de confiance que leur donneroit la Métro-

» pole, en les chargeant du foin de régler l'in-
» térieur de leur patrie, s'attacheroient à ce fol
» fertile, fe feroient une gloire ou un bonheur
» de l'embellir, & d'y créer toutes les douceurs
» d'une fociété civilifée, « p. 235.

Sans doute qu'on n'a pas reconnu en France toutes ces belles difpofitions dans les Créoles, pour leur confier l'adminiftration publique des Colonies. Si le Miniftere leur fait tort, s'il fe trompe à cet égard, fon erreur paroît d'autant plus excufable, qu'il trouve des partifans même chez les Philofophes modernes. Voici entre autres le témoignage d'un de ces Meffieurs; il paroît qu'il auroit dû faire quelque fenfation fur notre Auteur; c'eft cet homme qui paroît lui avoir fervi de guide en tant d'autres rencontres, que le Miniftere de France pourroit lui oppofer.

Cette précocité de la raifon dans les Créoles de l'Amérique, explique naturellement pourquoi ils ne fauroient réuffir dans les Sciences; leur entendement baiffe à mefure qu'ils avancent : ils ont trop d'efprit dans cet âge où les autres enfans apprennent à lire, ils n'ont déja plus d'efprit dans cet âge où les autres hommes étudient ce qu'on leur enfeigne dans leur jeuneffe. Tout cela eft un effet néceffaire de la dégénération que l'efpece humaine éprouve chez eux. M. de P***, Défense des Recherches philos. sur les Améric. contre *Dom Pernety*, Chap. VII, p. 27.

Ce Philosophe Naturaliste s'étoit attaché à prouver l'incapacité des Créoles, & leur espece d'abrutissement, dans le cours de ses recherches, dans lesquelles il traite, *ex professo*, de la foiblesse & de l'enfance de la Nature dans le nouveau Continent. L'Auteur lui-même s'explique à peu près dans les mêmes termes que M. de P***.

» Tous les Créoles, quoique habitués au cli-
» mat dès le berceau, n'y sont pas aussi robustes
» au travail, aussi forts à la guerre, que les Eu-
» ropéens. — Sous ce Ciel étranger, l'esprit s'est
» énervé comme le corps. Vif & pénétrant de
» bonne-heure, il conçoit promptement, mais
» ne résiste pas, ne s'accoutume pas aux longues
» méditations. On doit être étonné que l'Amé-
» rique n'ait pas encore produit un bon Poëte,
» un habile Mathématicien, un homme de gé-
» nie dans un seul Art ou une seule Science ; ils
» ont presque tous de la facilité pour tout : au-
» cun ne marque un talent décidé pour rien.
» Précoces & mûrs avant nous, ils sont bien en
» arriere quand nous touchons au terme, « tom.

VII, p. 121 & 122. Ainſi, de l'aveu de l'Auteur lui-même, la France n'eſt pas ſi fort dans ſon tort, lorſqu'elle montre peu de confiance pour la capacité des Créoles; ainſi enfin, il conſte que l'Auteur ſe contredit, parce qu'il n'a pas revu ſon Ouvrage avec ſoin.

» *Rome* apprit de ſes ennemis l'art de vaincre
» dans l'ancien Monde. Que la France apprenne
» de ſa rivale l'art de peupler & de cultiver le
» nouveau, « p. 237.

Il eſt donc décidé que l'Angleterre doit ſervir de modele & de guide à toutes les Nations. Toutes s'égarent, toutes courent à leur ruine, l'Angleterre ſeule proſpère, elle ſeule fleurit, elle ſeule enfin s'affermit dans le nouveau Monde. Auſſi l'Auteur la propoſe tour-à-tour à toutes les nations pour exemple à ſuivre, & pour motif d'encouragement. Cependant ſeroit-il bien utile dans ce moment, que la France fût à l'école chez ſa rivale pour apprendre d'elle l'art de gouverner les Colonies ? L'Angleterre elle-même n'auroit-elle pas beſoin de recevoir quelques leçons ? & tous les reproches que l'Auteur fait à la France ſur l'injuſtice, la tyrannie & la dureté de ſon gouvernement par rapport aux Colonies, l'Angleterre ne les mérite-t-elle pas auſſi?

En effet, qu'est-ce qui attire actuellement au Ministere Anglois les désagrémens qu'il commence à éprouver de la part de ses Colonies ? N'est-ce pas parce qu'il ,, a frappé & menacé à la fois tou-
,, tes les fortunes, qui sont *actuellement* dans l'a-
,, larme & le mouvement ? " p. 236.

N'est-ce pas les ,, coups d'autorité multipliés
,, par la précipitation qui les hazarde, *qui ont*
,, *blessé tous les cœurs*, & *qui sont tombés suc-*
,, *cessivement sur tous les corps* ? " p. 236. ,, Est-
,, ce ainsi que l'on conserve, qu'on fait prospé-
,, rer des Colonies ? " p. 237, pourroit-on dire à l'Angleterre avec plus de raison peut-être qu'à la France. Est-ce ainsi, pourroit-on dire avec raison au Philosophe prévenu, que lors même que toutes les Colonies Angloises sont confédérées contre la Métropole, & disposées à tout souffrir plutôt que de plier sous le joug dont elles sont menacées, vous osez exalter la justice, la douceur & l'excellence du Gouvernement Anglois ? Les Colons de toute l'Amérique septentrionale déja en armes, peut-être déja aux prises avec les troupes de la Métropole, ne démentent-ils pas tout ce que vous osez avancer en faveur du Gouvernement Britannique ? Oseriez-vous vous-même traiter de séditieux un peuple

qui n'a pris les armes que pour sa propre défense ; qui s'est laissé bloquer tranquillement, & qui proteste que ce n'est qu'en le poussant à la derniere extrémité qu'il opposera la force à la force ? Oseriez-vous lui faire un crime de tremper sa main dans le sang de ses freres, s'il ne se porte à cet excès qu'après que le Gouvernement aura teint la sienne du sang Américain ? Vous êtes trop partisan de la Liberté ; vous êtes trop ennemi de l'oppression, pour prononcer contre les Colonies de l'Amérique, qui ne travaillent qu'au maintien de leurs priviléges. Soyez donc plus conséquent, plus impartial, & moins prévenu en faveur d'un Gouvernement qui, comme tous les autres, a son bon & son mauvais, qui protége & qui opprime, qui encourage & qui vexe, qui, comme tous les autres enfin, est obligé de plier aux circonstances, & qui bien souvent est accusé de suivre son caprice, & de consulter son intérêt particulier, lors même qu'il ne fait qu'obéir aux loix du besoin & de la nécessité.

» Transportés aux Isles (les scélérats des trois
» Royaumes d'Angleterre) où ils devoient pas-
» ser un certain nombre d'années dans l'escla-
» vage, ces malfaiteurs contracterent dans les

» fers le goût du travail ; — on en vit qui, ren-
» dus à la société, devinrent cultivateurs, chefs
» de famille, & propriétaires des meilleures Ha-
» bitations.... &c. » p. 249.

Ce que l'Auteur a formellement condamné dans les Gouvernemens de Hollande & de France, pour la population de leurs Colonies, il le loue dans le Gouvernement Anglois; la partialité ne sauroit être plus affectée, & la contradiction plus évidente. Nous avons déja vu comme il s'explique sur les *mauvais sujets renvoyés d'Europe*; les conséquences qu'il tire de cette mauvaise manœuvre, en fait de politique, sont diamétralement opposées à celles qu'il tire de la politique Angloise. Des scélérats & des malfaiteurs renvoyés d'Angleterre pour aller peupler les Colonies, ont répondu aux vues du Gouvernement & ont parfaitement bien réussi en Amérique; des vagabonds, des gens dangereux & sans aveu, renvoyés de Hollande, d'Espagne, du Portugal & de la France, pour aller peupler les Colonies, ont trompé l'attente du Gouvernement, & n'ont servi qu'à perpétuer & à étendre en Amérique les vices & les désordres pour lesquels on les avoit renvoyés d'Europe. Il faut que le vice ait un empire bien absolu sur les hommes des autres Nations de l'Europe, puisque ce qui a servi à corriger les malfaiteurs Anglois, & à les rendre à la société, n'a pu faire aucune impression sur les mauvais sujets Hollandois, François.. &c. Si cela est exactement vrai, la Grande-Bretagne mérite certainement la prédilection de notre Philosophe. Mais quel sens donnera-t-il à cette proposition générale qu'il avance sans exception.

„ Le *Mississipi* fut la terreur des hommes li-
„ bres. On ne lui trouva plus de Colons que
„ dans les prisons & dans les lieux de débau-
„ che. Ce fut un cloaque où aboutirent toutes
„ les immondices de l'Europe.

„ Que pouvoit-on espérer d'un édifice com-
„ posé de semblables matériaux ? *Le vice ne*
„ *peuple point, ne travaille point, ne se fixe*
„ *point.* „ Tom. VI. p. 136.

Ce n'est donc qu'en Angleterre que le *vice travaille, qu'il peuple, & qu'il se fixe*. On devroit tirer cette conséquence du texte cité, mais on est très-embarrassé pour l'accorder avec celui qui suit.

„ La seconde classe de leurs Colons (*des*
„ *Anglois*) fut autrefois composée de malfai-
„ teurs que la Métropole condamnoit à être

» transportés en Amérique, & qui devoient
» un service forcé de sept ou de quatorze ans
» aux Planteurs qui les avoient achetés des
» Tribunaux de Justice. On s'est universelle-
» ment dégoûté de ces hommes corrompus,
» & toujours prêts à commettre de nouveaux
» crimes, « Tom. VII. p. 124. Pourquoi donc
avez-vous dit plus haut : peut-on demander à
l'Auteur, que les *scélérats des trois Royaumes
transplantés aux Isles, contractèrent le goût du
travail, qu'ils se rendirent à la société, qu'ils
devinrent Cultivateurs...* &c. ?

Cependant l'Auteur reproche au Gouvernement Anglois de grandes fautes ; il en fait une longue énumération depuis la page 291 jusqu'à la page 293. Il finit ainsi sa déclamation.

» Si l'Angleterre ne fournit pas tous ces
» exemples de la mauvaise administration, in-
» troduite par l'esprit de Finance ; l'Europe ne
» manque pas d'Etats qui ne rendent ce tableau
» que trop fidèle, « p. 293.

Il n'ose assurer que l'Angleterre mérite ces reproches, mais il assure qu'il n'y a que trop d'Etats en Europe qui les méritent.

» Puisse ce peuple (*les Juifs*) qui fut d'a-
» bord esclave, puis Conquérant, & ensuite
» esclave

» esclave ou fugitif pendant vingt siécles, pos-
» séder un jour légitimement la *Jamaïque*, ou
» quelque autre Isle riche de l'Amérique !
» Puisse-t-il y ramasser tous ses enfans & les
» élever en paix dans la culture & le commerce,
» à l'abri du fanatisme qui le rendit odieux à
» la terre ! — Que les Juifs vivent enfin heu-
» reux, libres & tranquilles dans un coin du
» Monde, puisqu'ils sont nos freres par les liens
» de l'humanité, & nos peres par les dogmes
» de la Religion ! «

C'est ici que paroît toute l'étendue de la charité du Philosophe ; quel dommage qu'elle ne soit pas réglée sur les décrets adorables de la Providence ! Il n'est donc pas surprenant que le vœu qu'il fait en faveur d'une Nation dispersée depuis dix-sept siécles, soit tout au moins inutile. Quand ce peuple réprouvé de Dieu & méprisé des hommes, réunira tous ses enfans, ce ne sera pas sans doute dans aucune *Isle de l'Amérique*, ni dans un *seul coin du Monde*. Dieu qui n'a pas voulu nous découvrir ni le temps du rappel d'Israël, ni l'endroit où il réunira ses enfans des quatre parties du Monde sous l'étendart de Juda, réserve sans doute à ce peuple autrefois si chéri, des bénédictions éclatantes qui attesteront à tout l'Univers la réconciliation entiere de la postérité d'Abraham avec l'Eternel ; la Religion nous permet de desirer que cet heureux moment soit proche, mais elle nous défend de croire qu'il peut arriver, par une suite de l'industrie de ce peuple vagabond ; sa liberté, sa paix & sa tranquillité doivent être l'ouvrage de Dieu, & non celui des hommes.

» C'est ainsi que raisonnoit avec des faiseurs
» d'écriture, un peuple (*les Caraïbes noirs*)
» qui n'avoit point appris à lire. Il usoit du
» droit de la force, avec autant d'assurance,
» avec aussi peu de remords, que s'il avoit
» connu le droit divin, le droit politique, &
» le droit civil, « p. 349.

N'est-ce pas un blasphême de dire que le *droit divin* apprend à user de la force avec assurance & sans remords ? Si l'Auteur, en confondant le *droit divin* avec le *droit politique* & le *droit civil*, dans sa réflexion sur le *Caraïbe noir*, n'a pas proféré une impiété, il n'est pas d'injure atroce contre la divinité qu'on ne puisse expliquer favorablement : car si ce Sauvage avoit connu le droit divin, le droit politique & le droit civil, il auroit dit au François dont il est question un peu plus haut, avec la même assurance, & avec aussi peu de remords, » tu dois » voir sur ma flêche en caracteres qui ne men- » tent point, que si tu ne me donnes ce que je » te demande, j'irai brûler ce soir ton habitation, « p. 349.

Le droit divin autorise donc les incendiaires & les voleurs, puisqu'il apprend à mettre le feu aux habitations & à les piller *avec assurance & sans remords*? Telle est l'idée que les Philosophes se font de la divinité, du droit & de la justice.

» Quoique la Grande Bretagne n'ait jamais » établi d'impôts directs dans ses Colonies, elles » sont plus chargées de taxes qu'on ne l'est » dans des Gouvernemens moins modérés, « p. 358.

En quoi consiste donc le bonheur & la prospérité des Colonies Angloises? En quoi consiste la supériorité du Gouvernement Britanique sur les autres? Et sur quoi peut être fondée sa future domination sur toute l'Amérique? Qu'on acheve de lire ce texte depuis l'endroit cité jusqu'à la page 361, on y verra une forte déclamation contre la Grande Bretagne, & une prophétie bien opposée à celle qui lui assure plus haut l'empire de la moitié du globe.

» Iſle ſuperbe, (*Albion*) puiſſent tes ennemis
» ne plus s'abandonner à ce vil eſprit d'intérêt !
» Tu leur rendras un jour tout ce qu'ils ont
» perdu, » p. 360.

Quel ſavant Commentaire ne faudroit-il pas pour rendre l'Hiſtoire philoſophique & politique intelligible & utile aux Nations pour leſquelles elle a été écrite ?

Le Chapitre LXI. p. 368. dans lequel l'Auteur fait le réſumé des richeſſes que l'Europe tire de l'Amérique, prouve inconteſtablement que la France eſt celle de toutes les Nations, qui retire les plus grands avantages de ces Colonies. Voici le calcul de l'Auteur lui-même : s'il eſt exact, il prouve que l'Angleterre ne doit pas ſervir de modéle à la France.

L'Eſpagne tire annuellement de ces Iſles dix millions de livres, p. 369.

Le Danemarck ſept millions, qui doivent être réduits à trois millions & demi, p. 369.

La Hollande vingt-quatre millions, qui doivent être réduits à douze millions, p. 369 & 370.

L'Angleterre ſoixante-ſix millions, dont les propriétaires ont pour eux ſeuls trente-trois millions, de façon que la Nation ne profite que de trente-trois millions, p. 370.

La France, cent millions, dont il ne reste qu'environ douze millions pour les propriétaires, p. 370 & 371.

» De cette énumération, il résulte que les » productions du grand Archipel de l'Amérique » valent, vendues en Europe, 207,000,000, « p. 371.

La France a donc pour elle seule, sur 207,000,000 de livres, 100,000,000 de livres. Ses Colonies sont donc plus florissantes, mieux cultivées & mieux administrées, ou du moins plus considérables, plus fertiles & plus avantageuses. Mais si sur 100,000,000 de livres il ne reste de net pour les propriétaires des Colonies Françoises que 12,000,000 de livres, il en circule en Europe, pour l'avantage de la Nation en général, 88,000,000 de livres, pendant que sur 66,000,000 de livres que produisent les Colonies Angloises, les propriétaires en ont pour eux seuls 33,000,000 de livres, & que la Nation en général ne profite que de la circulation des autres 33,000,000 de livres. Je demande après cela, si la France doit aller à l'école de sa rivale, pour apprendre d'elle à profiter de ses Colonies, pour apprendre *à les peupler* & *à les administrer*, & sur-tout pour apprendre à les cultiver ? L'avantage de la Nation en général, doit certainement l'emporter fur l'avantage de quelques particuliers : & dans le cas préfent, on peut dire que les Colonies Angloifes ne font peut-être une fource de richeffes que pour les propriétaires des Plantations ; au lieu que les Colonies Françoifes le font effectivement pour toute la Nation, qui profite des peines, des foins & de la réfidence exacte des propriétaires dans leurs établiffemens en Amérique. S'il y a de la réalité dans les calculs de l'Auteur, & s'ils fignifient quelque chofe, je crois avoir été en droit de m'en fervir contre lui-même.

» Mais cette partie du nouveau Monde que
» deviendra-t-elle ? Les établiffemens qui la ren-
» dent floriffante refteront-ils aux Nations qui
» les ont formés ? Changeront-ils de Maître ?
» S'il arrive une révolution, en faveur de quel
» peuple fe fera-t-elle, & par quels moyens ?
» Grande matiere aux conjectures ; mais il faut
» les préparer par quelques réflexions, « p. 375.

Voici le réfultat des réflexions que l'Auteur fait dans trois pages & demie.

» A ces titres, l'Angleterre peut tout ofer,
» tout fe promettre. Elle eft maintenant la feule
» qui doive fe confier dans fes poffeffions de

l'Amérique, & qui puisse attaquer les Colonies de ses rivaux, " p. 379.

Je conseille à l'Angleterre, avant *de rien oser*, & avant *d'attaquer les Colonies de ses rivaux*, de s'assurer avant tout des siennes, d'y éteindre le feu de la révolte, que les actes d'autorité du Parlement Britannique semblent y alimenter ; & en un mot je lui conseille de regagner avant tout l'affection & la confiance des Colons, qui prennent actuellement les mesures les plus violentes pour maintenir leurs priviléges contre la Métropole.

L'Auteur qui dans cette nouvelle Edition a fait des corrections & des augmentations, auroit dû, ce semble, corriger & même supprimer cet article. Il n'a pas pu ignorer la crise dangereuse dans laquelle le Gouvernement de la Grande-Bretagne se trouve par rapport à ses Colonies. Il y a plus d'un an que l'Europe, témoin de la mésintelligence des Anglois Américains avec les Anglois Européens, est dans l'impatience de voir où aboutiront, pour les uns & pour les autres, leurs disputes & leurs querelles. La fermeté & l'union des Colons de l'Amérique ne font pas espérer encore que cette affaire importante se termine en faveur de la Métropole. Peut-être même pouvons-nous dire avec l'Auteur, que cette *Isle superbe est sur le point de rendre à ses rivaux tout ce qu'ils ont perdu dans le nouveau Monde*, p. 360.

EXTRAITS

Du Tome VI.

» NUl ne devient Prophète, sans avoir eu des
» songes : c'est le premier pas du métier. Celui
» qui ne rêve pas, ne prédit point, « p. 39.

C'est en peu de mots sapper la Religion Chrétienne par les fondemens, puisque tous les Prophètes, sans exception, doivent être des rêveurs & des radoteurs; Jésus-Christ a dû en augmenter le nombre, car il a prophétisé.

» Les vieilles femmes, inutiles au monde,
» rêvent pour la sûreté de l'Etat, comme parmi
» nous les indolens prient & chantent, « p. 40.

La priere n'est qu'une suite de l'indolence, & non un devoir de la créature envers le Créateur. C'est ainsi que la Philosophie éclaire les hommes sur leurs devoirs de Religion.

» Sans la superstition, il n'y auroit rien de

,, si rare que les querelles de Nation à Nation, p. 40.

L'Histoire de tous les siécles dépose contre cette assertion nouvelle. Si les Nations se sont battues quelquefois pour des querelles de Religion, elles se sont battues plus souvent pour des intérêts réels ou chimériques, qui n'avoient aucun rapport à la Religion.

,, Jusqu'ici les Moralistes avoient cherché l'o-
,, rigine & les fondemens de la société, dans
,, les sociétés qu'ils avoient sous les yeux. Sup-
,, posant à l'homme des crimes pour lui donner
,, des expiateurs, — ils appelloient mystérieux,
,, surnaturel & céleste ce qui n'est l'ouvrage que
,, du temps, de la foiblesse & de la fourberie,,,
p. 55 & 56. ,, Quoi qu'il en soit, nous pouvons
,, dire que c'est l'ignorance des sauvages qui a
,, éclairé en quelque sorte les peuples policés,,,
p. 57.

Tous les Mysteres de la Religion ne sont dans la pensée de notre Philosophe, l'ouvrage que du *temps*, de la *foiblesse* & de la *fourberie*. Il est bien déplorable pour l'humanité d'avoir été pendant si long-temps, & d'être encore, le jouet des Moralistes. Il est humiliant pour les *peuples policés* de devoir à *l'ignorance* des sauvages, les lumieres importantes qu'ils ont acquifes depuis leur commerce réciproque.

„ La feule penfée de cet ouvrage (la chauffée „ que les caftors élevent dans les fleuves) eft un „ fyftême d'idées très-compofées, très-compli- „ quées, qui femble n'appartenir qu'à des Etres „ intelligens; & fi ce n'étoit la crainte du feu „ dans ce monde ou dans l'autre, un Chrétien „ croiroit ou diroit que les caftors ont une ame „ fpirituelle, ou que celle de l'homme n'eft que „ matérielle, " p. 84.

L'Auteur emploie environ quatorze ou quinze pages pour nous apprendre ce que les Voyageurs, les Naturaliftes, & les Auteurs de l'Encyclopédie nous avoient appris avant lui, de la figure, de la nature, de l'inftinct, & en un mot de tout ce qui concerne le caftor. Mais notre Philofophe va beaucoup plus loin que les autres fur ce fujet; on peut fe former une idée affez jufte de ce morceau d'Hiftoire naturelle, traité par l'Auteur de l'Hiftoire philofophique & politique, fi l'on lit avec attention le texte que je viens d'en extraire. L'Auteur n'épargne rien pour faire difparoître la différence qu'on a cru être jufqu'ici entre l'animal & l'homme; le caftor lui paroît feul devoir être identifié avec l'homme,

& lui être supérieur à bien des égards. Si le *Chrétien* qui verroit travailler le castor, ne disoit pas que cet animal a *une ame spirituelle*, ou que *l'homme* n'a qu'une *ame matérielle*, c'est uniquement parce qu'il *craint le feu* dans ce monde ou dans l'autre. Notre Philosophe, qui se moque de cette crainte, n'a pas voulu prononcer sur une question de cette importance : il n'est pas cependant difficile de deviner ce qu'il en pense. S'il croyoit à la spiritualité de l'ame, il ne jetteroit pas un ridicule sur le Chrétien qui craint les châtimens réservés à l'impie dans l'autre monde.

» La Religion des *Natcher*, à peu près la
» même dans ses dogmes que celle des autres
» sauvages, avoit plus de culte, & dès lors plus
» de mauvais effets, « p. 146.

Les mauvais effets croissent en proportion de l'extension du culte ; ainsi la Religion Chrétienne qui a plus de culte que la plupart des autres, produit aussi de plus mauvais effets : donc elle est la moins raisonnable & la moins bonne.

» On s'étonne qu'une Nation aussi pauvre,
» (*celle des Natcher*) fut aussi cruellement asser-
» vie. Mais la superstition explique tout ce que
» la raison trouve inconcevable, « p. 146.

La raison trouve inconcevable tous les Mysteres de la foi du Chrétien; la raison trouve inconcevable l'existence d'un Etre éternel, & la création d'un Monde matériel que l'Auteur de la Nature a dû produire du néant, si ce Monde n'est pas lui-même éternel.

La superstition explique tout cela : c'est-à-dire qu'il y a de la superstition à croire tout ce que la raison trouve inconcevable. Telle doit être la pensée de l'Auteur.

« Quoique la terreur des vengeances célestes » fut l'unique gardienne de ces trésors, ils furent » toujours respectés par la cupidité, qu'on avoit » eu l'art de réprimer par le dogme fondamental » de la transmigration éternelle des ames; *dogme* » *si naturel à tous les esprits qui craignent ou espé-* » *rent une autre vie* ! « p. 231.

Si les *Druides*, premiers Prêtres des Bretons, avoient eu sur la transmigration éternelle des ames, les mêmes idées que les Chrétiens se forment de sa spiritualité & de son immortalité, l'Auteur auroit raison de dire que *ce dogme est naturel à tous les esprits qui craignent ou espèrent une autre vie*; & la croyance de ce dogme n'a rien de si extraordinaire, pour qu'on doive placer un point d'exclamation à la fin de la phrase qui énonce cette croyance, comme l'Auteur l'a fait à deſſein : mais comme il eſt évidemment faux que les Druides des Gaulois, qui n'étoient que des Prêtres idolâtres, attachaſſent à leur dogme de la *tranſmigration éternelle*, les mêmes idées que les Chrétiens attachent à l'immortalité de l'ame, il eſt faux auſſi que ce dogme ſoit *naturel à tous ceux qui craignent ou eſpérent une autre vie*. C'eſt donc un défaut de fidélité de la part de notre Hiſtorien, c'eſt encore une calomnie atroce de ſa part contre le Chriſtianiſme, mais c'eſt plus que tout encore, une preuve évidente du penchant de notre Philoſophe pour le matérialiſme.

» Cependant cette Religion (*la Religion des* » *Druides*) avoit beaucoup perdu de ſon pou- » voir, lorſque le Chriſtianiſme la fit entiére- » ment diſparoitre au ſeptieme ſiécle, &c. &c. » &c. « p. 232, juſqu'à la page 234 incluſivement.

L'Auteur raconte dans cet endroit de ſon Hiſtoire, de quelle façon le Chriſtianiſme s'établit dans les Gaules, dans le Nord de l'Europe, en Allemagne & en Angleterre. Sa narration, quoique laconique, n'en eſt pas plus exacte ; il eſt aiſé de s'appercevoir que la Religion Chrétienne ne dut son établissement, s'il faut en croire notre Historien, qu'au goût qu'ont les hommes pour la nouveauté, & à quelqu'un de ses dogmes qui favorisent les passions, les rapines, les conquêtes, les crimes mêmes des hommes grossiers & sauvages qui débordoient du Nord, pour envahir toute l'Europe. Telle est l'idée qu'il veut que nous ayions de l'excellence & de la divinité de cette Religion. Il affecte de confondre les abus énormes qu'en firent ses Prêtres & ses Pontifes, avec sa morale & son culte, & la rendant responsable de tous les maux que le fanatisme, l'hipocrisie & l'ambition ont seuls occasionnés, il la proscrit & la condamne conjointement avec les Ministres indignes qui l'ont déshonorée par leur cupidité ou leurs débauches.

» Si toutefois, & les baleines, & les élé-
» phans, & les hommes étoient de quelque
» poids sur un globe où tous les Etres vivans ne
» sont qu'une modification passagere du limon
» qui le compose, « p. 243 & 244.

La baleine, l'éléphant & l'homme rangés dans une seule & même classe, sans aucune distinction pour le dernier, donnent une idée avantageuse de la Philosophie qui dégrade l'homme. Je sais que l'Auteur peut dire qu'il n'y a rien d'extraordinaire dans son assertion, puisqu'il est vrai que l'homme considéré comme matiere, n'est qu'une *modification passagere du limon*, de même que tous les autres Etres de la Nature; mais je sais aussi qu'on a droit d'interpréter un Auteur par les *antécédens* & les *conséquens* de tout son Livre. Or en suivant cette regle, il est aisé de voir que l'homme dans ce passage, n'est pas mis à côté de la baleine & de l'éléphant, sous le seul rapport de *pesanteur sur le globe*, & *de configuration passagere du limon*.

» Après quatre ans, cet Européen (*Fernandez*) » se sentit soulagé du grand fardeau de la vie » sociale, quand il eut le bonheur d'avoir perdu » l'usage de la réflexion & de la pensée qui le » ramenoit vers le passé, ou le tourmentoit de » l'avenir, « p. 260.

Sans discuter ici si la vie sociale impose *un fardeau* insupportable, si *c'est un bonheur de perdre l'usage de la réflexion*; je demanderai à notre Philosophe, si un homme qui a perdu l'usage de la réflexion, *peut se sentir soulagé*? Je lui demanderai encore, si celui qui a perdu *la pensée du passé & de l'avenir*, peut sentir son bonheur présent? Il me semble que dans le cas de *Fernandez*, il auroit fallu qu'il pût comparer son état actuel, avec son état passé, pour pouvoir sentir la différence de l'un à l'autre. Ce texte bien approfondi renferme plus d'une absurdité.

Pour prouver le malheur attaché à la société civile, l'Auteur, après plusieurs raisonnemens plus ingénieux que solides, termine ainsi sa démonstration.

„ Après tout, un mot pour terminer ce grand
„ procès. Demandez à l'homme civil, s'il est
„ heureux ? Demandez à l'homme sauvage,
„ s'il est malheureux ? si tous deux vous répon-
„ dent non ; la dispute est finie, " p. 261.

L'homme civil qui n'envisagera cette vie que comme un passage nécessaire pour arriver à une vie plus parfaite & infiniment plus heureuse, répondra qu'il n'y est pas parfaitement heureux ; mais qu'à travers les misères inséparables de cette vie, sa vertu lui fait envisager avec satisfaction un état plus heureux, & que l'espérance d'en jouir, quand il aura fourni sa carriere, lui rend cette vie moins malheureuse & plus supportable ; enfin il répondra que s'il se sent malheureux dans ce monde, il y éprouve aussi de temps en temps de véritables consolations & de vrais plaisirs. L'homme sauvage répondra que

que tout n'est pas dans sa vie bonheur & agrément; qu'il est en butte au chagrin, à la douleur & aux peines intérieures, comme le reste des hommes; qu'il est sujet à des passions qui empoisonnent ses plaisirs, & que le Philosophe qui ne l'observe qu'à la distance de plusieurs centaines de lieues, juge de sa félicité de trop loin, pour pouvoir en juger sainement. Ainsi en supposant que l'homme civil & l'homme sauvage soient deux êtres raisonnables, ils ne répondront pas tous les deux ce *non*, sans les modifications convenables. Ainsi enfin *ce fameux procès entre les Philosophes sur les avantages de l'état de nature & de l'état social, ne sera pas encore terminé par un seul mot.*

„ Peuples civilisés, ce parallele est sans doute
„ affligeant pour vous : mais vous ne sauriez
„ ressentir trop vivement les calamités sous le
„ poids desquelles vous gémissez. Plus cette
„ sensation vous sera douloureuse, & plus elle
„ sera propre à vous rendre attentifs aux véri-
„ tables causes de vos maux. Peut-être, enfin,
„ parviendrez-vous à vous convaincre qu'ils ont
„ leur source dans le déréglement de vos opi-
„ nions, dans les vices de vos constitutions po-
„ litiques, dans les Loix bisarres par lesquelles

» celles de la Nature sont sans cesse outragées, « p. 261.

Cette pathétique exhortation aux peuples civilisés, est remarquable à plus d'un égard; l'Auteur en leur reprochant leur foiblesse, & en leur indiquant la source de leurs malheurs, les encourage à changer leurs *constitutions politiques*, & à abroger *leurs Loix bisarres qui outragent sans cesse celles de la Nature*. C'est leur dire en des termes différens; reprenez vos droits; vengez-vous des Souverains qui ont usurpé votre liberté; secouez le joug de la domination, tant civile que religieuse; car cette domination outrage sans cesse la Nature. Qu'on juge si le partisan outré de la Nature, est l'ami des hommes!

» On n'y rencontroit, (dans l'Amérique
» septentrionale) que quelques Sauvages hérissés
» du poil & de la dépouille de ces monstres.
» Les humains épars se fuyoient ou ne se cher-
» choient que pour se détruire. La Terre y
» sembloit inutile à l'homme, & s'occuper
» moins à le nourrir, qu'à se peupler d'animaux
» plus dociles aux Loix de la Nature, « p. 262.

Après tout ce que l'Auteur a dit en faveur

des sauvages & de l'homme de la Nature, devoit-on s'attendre qu'il nous en fît ici un tableau si défavantageux ? Ces hommes qui doivent répondre sans restriction *non*, lorsqu'on leur demande s'ils sont malheureux, *se fuyoient avec soin, ou ne se cherchoient que pour se détruire, sur une Terre qui paroissoit moins s'occuper à les nourrir, qu'à se peupler d'animaux plus dociles aux loix de la Nature.* Ainsi, selon l'Auteur, l'homme de la Nature étoit moins docile aux loix de sa mere, que les animaux ses freres. On voit que pour détruire le système de l'Auteur, il ne faut que l'opposer à lui-même.

» Et l'on dit ensuite que la Police & la So-
» ciété sont faites pour le bonheur de l'homme !
» Oui, de l'homme puissant ; oui, de l'homme
» méchant, « p. 315.

Parce que l'homme puissant abuse quelquefois de son pouvoir dans la société ; parce que l'homme méchant s'y prévaut quelquefois de l'impunité ; faut-il en conclure que la Police & la Société ne sont faites que pour l'un & pour l'autre ? Est-ce raisonner en Philosophe que de conclure du particulier au général ?

» Le sang des Martyrs fut, dans tous les

» temps & dans tous les lieux, la semence du
» profélytifme, « p. 320.

Cette proposition fausse, parce qu'elle est trop générale, n'est évidemment avancée que pour priver le Christianisme d'une des plus convaincantes preuves de sa divinité. La Philosophie tire parti de tout pour abattre un redoutable ennemi, qui lui survivra, malgré les efforts que les Philosophes font pour l'exterminer.

EXTRAITS

Du Tome VII.

» LA chimere de l'égalité est la plus dange-
» reuse de toutes dans une société policée. —
» Prêcher ce système au peuple, ce n'est pas lui
» rappeller ses droits, c'est l'inviter au meurtre
» & au pillage ; c'est déchaîner des animaux
» domestiques & les changer en bêtes féroces,
p. 4.

La chimere de la liberté, dans le sens de l'Auteur, n'est pas moins dangereuse. Quand on prêche au peuple *que c'est un malheur de connoître les Loix & les Gouvernemens* ; quand on lui dit que tous les Souverains sont des *Despotes* & des *Tyrans*; quand on exhorte les hommes *à connoître leur nombre & leurs forces*; quand on dit aux Militaires armés pour le salut de la patrie, qu'ils sont de *vils mercénaires prêts à égorger leurs femmes & leurs enfans au premier ordre du Souverain*; quand on assure qu'il ne faudroit *veut-être qu'un mot* pour donner un plus noble *motif à leur valeur*; en un mot, quand on exagere à tous les hommes les avantages de l'homme de la Nature sur l'homme civil, n'est-ce pas *plutôt inviter le peuple au meurtre & au pillage, que lui rappeller ses droits*? N'est-ce pas *déchaîner des animaux domestiques*, & les changer en bêtes féroces? L'Auteur seroit bien en peine d'assigner la véritable différence qu'il doit supposer y avoir entre *l'égalité & la liberté*, de la façon qu'il l'entend & qu'il la prêche. Il dit avec raison, ,, Qu'il n'y a dans la Nature qu'une éga- ,, lité de droit, & jamais une égalité de fait,'' p. 4.

Nous disons avec autant de raison que lui, qu'il n'y a dans la Nature qu'une liberté de droit, & presque jamais une liberté de fait, pas même chez les sauvages, considérés sous le respect de subordination du foible envers le plus fort; &

sous ce point de vue, cette *liberté* est identifiée avec *l'égalité* dont parle l'Auteur. S'il y a un inconvénient réel de prêcher au peuple l'égalité, il n'y en a pas moins à lui prêcher la liberté dans le sens de notre Philosophe.

Que n'a-t-il dès le commencement de son Ouvrage adopté cette belle maxime, dont il démontre, ici, si bien les avantages ! Que de contradictions n'eût-il pas évité ! Que d'absurdités dangereuses n'auroit-il pas retranché de son Livre ! Que de reproches peut-on lui faire avec raison, dans le temps qu'on n'auroit peut-être que de justes éloges à lui donner !

« Elles crurent enfin (les Nations de l'Amé-
» rique septentrionale) qu'un peuple pouvoit
» être heureux sans Maîtres & sans Prêtres.
» L'homme a besoin de l'un & de l'autre, si
» l'on en croit l'imposture & la flatterie qui
» parlent dans les Temples & dans les Cours, »
p. 15.

Si ce n'est pas là prêcher aux hommes *l'égalité de fait*, l'Auteur a une façon de s'énoncer que personne que lui ne peut bien comprendre.

« Ils admettent l'Enfer & le Paradis, (*les*
» *Dumplers*) mais rejettent, avec raison, l'éter-
» nité des peines, » p. 19. » Cependant on voit

» un assez grand nombre de Citoyens (à Phila-
» delphie) qui ne connoissent ni Temples, ni
» Prêtres, ni culte public, & n'en sont ni moins
» heureux, ni moins humains, ni moins ver-
» tueux, " p. 31..» Le Christianisme n'est pas
» moins intolérant que les autres Sectes, quoi-
» que son fondateur ait prêché la paix de parole
» & d'exemple..... ses maximes générales qui
» penchent vers la bienveillance, vers la tolé-
» rance universelle, sont trop souvent démen-
» ties, lorsqu'il s'agit de sa doctrine particuliere,
» de la préférence exclusive qu'elle exige, de la
» division intestine qu'elle met entre ses secta-
» teurs & les Payens, entre les membres d'une
» Cité, d'une même famille.... &c. " p. 63
& 64.

On voit bien que ce n'est pas un Philosophe
Chrétien qui parle dans une partie de la terre
presque toute chrétienne ; quel fruit espère-t-il
donc retirer de ses blasphêmes contre Jésus-
Christ ? Inutilement s'efforce-t-il à faire remarquer de la contradiction entre la conduite du Législateur, & la Loi qu'il nous a donnée ; il n'y
a qu'un esprit libertin, & un cœur gâté, qui
puissent être les victimes infortunées du détracteur du Christianisme.

» *Montesquieu* lui-même ne s'est pas apperçu
» qu'il faisoit des hommes pour les Gouverne-
» mens, au lieu de faire des Gouvernemens pour
» les hommes, « p. 65 & 66.

Je ne sais si ce reproche est juste, & si *Montesquieu* le mérite; mais je sais que notre Philosophe politique ne fait ni l'un, ni l'autre: je sais qu'il cherche à détruire les Gouvernemens par les hommes, afin qu'il n'y ait bientôt ni hommes, ni Gouvernemens.

» C'est par des prohibitions, par des menaces
» & des peines qu'on croit les enchaîner (les
» hommes);.... on les emprisonne, on les
» garrote, on empêche l'homme, né libre. d'al-
» ler respirer dans des contrées où le ciel & la
» terre lui donneroient un asyle; on aime mieux
» l'étouffer dans son berceau.... Tyrans politi-
» ques, voilà l'ouvrage de vos Loix! Peuples,
» où sont vos droits? « p. 126 & 127.

L'Auteur qui ne veut pas qu'on prêche l'égalité au peuple, pour ne pas l'exciter à la révolte & au meurtre, a bientôt oublié cette sage maxime: son enthousiasme pour la liberté l'emporte toujours trop loin. Pour achever de s'en convaincre, il n'y a qu'à lire depuis la page 126 jusqu'à la page 130 inclusivement; on y verra sans doute des vérités, mais si fort exagérées, & présentées avec un ton si séditieux, que si le commun du peuple étoit à portée de suivre les impulsions que le Philosophe paroît vouloir lui donner, il n'est pas douteux qu'on le verroit bientôt se porter à toutes sortes d'excès contre les Souverains, qu'on leur dépeint comme des *Tyrans.*

„ On a vu même des pays du nouveau Mon-
„ de, où les animaux avoient fait plus de progrès
„ que l'homme, vers l'état de perfection & de
„ société, auquel ils étoient appellés par la Na-
„ ture ; c'est qu'ils vivoient sans Maîtres, " p. 104.

Que répondre à un Philosophe aussi peu conséquent ? Faut-il lui dire que la raison qu'il donne en faveur des animaux, & contre les hommes des pays du nouveau Monde ; que cette raison, dis-je, prouve contre lui-même ? Mais n'auroit-il pas dû s'appercevoir lui-même que si ces animaux étoient plus avancés que les hommes vers l'état de perfection, par la seule raison qu'ils n'avoient pas de Maître ; ces mêmes hommes n'avoient pas eu non plus de Maître jusqu'à la découverte du nouveau Monde ? que par conséquent les hommes & les animaux du nouveau Monde auroient dû être, au temps de la découverte, au moins, au même dégré de perfectibilité.

« Par Gouvernemens, il ne faut pas entendre ces Constitutions bizarres de l'Europe, qui font un mêlange insensé de Loix sacrées & profanes, » p. 140.

Il n'y a donc pas un seul Gouvernement en Europe, il n'y en a pas même en Asie, ni en Afrique, puisque dans tous ces Etats despotiques il y a bien plus qu'en Europe, *un mêlange insensé de Loix sacrées & profanes*; il étoit réservé à l'Amérique Angloise de donner le modéle d'un Gouvernement proprement dit. Malgré cela, selon l'Auteur lui-même, le Gouvernement de l'Amérique Angloise ne mérite pas des éloges à tous égards; « ce n'est que parce qu'elle a été assez sage, ou assez heureuse, pour ne pas admettre une Puissance ecclésiastique; .... car, sous d'autres points de vue, son Gouvernement n'est pas si bien combiné, p. 140.

« Elle (la Législation) formera la morale sur le physique du climat; .... la sainteté des mœurs doit s'établir par l'opinion, » p. 147.

Notre Auteur peu content, comme nous l'avons vu, des Gouvernemens de l'Europe, s'essaye à tracer un plan de législation qui peut concourir au bien & à la félicité de la société; ses idées à ce sujet sont neuves, mais sont-elles solides ? qu'on en juge par les deux principes que je viens de citer; *former la morale sur le physique du climat*; *établir la sainteté des mœurs par l'opinion*. L'erreur a-t-elle jamais parlé avec autant d'audace ?

» Ainsi convient-on qu'il n'y a peut-être pas
» dans le Monde entier, un Code aussi diffus,
» aussi embrouillé que celui des Loix civiles de
» la Grande-Bretagne, « p. 151.

Quoi; ce peuple le plus sage & le plus heureux de l'Europe; ce peuple qui devroit servir de modéle à tous les autres; les Anglois, enfin, n'ont pas pu parvenir à simplifier leur Code, & à rendre leur législation plus claire, plus aisée, & moins embrouillée ! non, répond l'Auteur lui-même; *ils n'ont fait qu'augmenter la confusion*, p. 151. En quoi consiste donc leur supériorité de Législation sur les autres peuples ?

» Gardons-nous en effet de confondre la ré-
» sistance que les Colonies Angloises devroient
» opposer à leur Métropole, avec la fureur
» d'un peuple soulevé contre son Souverain par
» l'excès d'une longue oppression, « p. 181.

L'Auteur ne peut se défaire de sa partialité en

faveur de l'Angleterre ; il faut qu'aux dépens même de la raison & du bon-sens, il la fasse paroître dans toutes les occasions. Car enfin, si la Métropole usurpe les droits des Colonies ; si elle veut à son gré la rendre tributaire, & lui imposer le joug de la servitude, pourquoi cette Métropole ne doit-elle pas être confondue avec un Souverain qui opprime & qui vexe son peuple ? & pourquoi enfin les Colonies Angloises ne doivent-elles pas prendre les mêmes mesures que les peuples opprimés, pour repousser le joug qu'on veut leur imposer ? voyons si la raison que l'Auteur en donne est bien solide.

» Dès qu'une fois l'esclavage du despotisme
» auroit brisé sa chaîne, auroit commis son sort
» à la décision du glaive, il seroit forcé de
» massacrer son tyran, d'en exterminer la race
» & la postérité, de changer la forme du Gou-
» vernement, dont il auroit été la victime de-
» puis des siécles. S'il osoit moins, il seroit
» tôt ou tard puni de n'avoir été courageux qu'à
» demi.... &c. « p. 181 & 182.

Les Colonies Angloises n'auroient-elles pas à craindre d'être punies par la Métropole, de n'avoir été courageuses qu'à demi, si lorsqu'elles auront commis leur sort à la décision du glaive, elles ne prennent pas les mêmes mesures que devroit prendre l'esclave du despotisme, pour ne plus retomber dans l'esclavage ? non, répond encore notre Philosophe; voici la raison qu'il en donne.

„ Elles, (les Colonies Angloises) ne pour-
„ roient embrasser un système d'indépendance,
„ sans rompre les liens de la Religion, du ser-
„ ment, des Loix, du langage, du sang, de
„ l'intérêt, du commerce, des habitudes enfin,
„ qui les tiennent unies entre elles sous la pai-
„ sible influence de la Métropole. Croit-on
„ qu'un si grand déchirement n'iroit pas jus-
„ qu'au cœur, aux entrailles, à la vie des Co-
„ lonies ?.... &c. " p. 182.

Les liens de la Religion, du serment, des Loix, &c. ne doivent-ils donc être sacrés que pour les Colons Anglois ? les autres peuples de la terre ne doivent-ils pas les respecter ? & quand ils pourroient les briser sans crime, croit-on qu'un si grand déchirement n'iroit pas jusqu'au cœur, aux entrailles, à la vie même de tous les peuples policés qui voudroient massacrer leurs tyrans, & en exterminer la race & la postérité ?

„ Car il seroit contre la nature des choses,

» que les Provinces subordonnées à la Nation
» dominante, restassent sous son empire, lors-
» qu'elles seront parvenues à égaler sa popula-
» tion & ses richesses.

» Qui sait même si cette scission n'arriva pas
» plutôt ? « p. 185.

C'est-à-dire que les Colonies Angloises dont il est ici question, ne doivent respecter les liens de la Religion, du serment, du sang, des Loix, &c. qu'autant de temps qu'elles ne seront pas assez puissantes pour les rompre & les briser impunément ; leur population & leurs richesses parvenues au point d'égalité avec la population & les richesses de la Métropole, alors plus de Religion, plus de sermens, plus de Loix qui les retiennent sous la domination de leur mere patrie. On ne doit plus être surpris que notre Philosophe avance ce principe inoui ; *qu'on doit former la morale sur le physique du climat*; il auroit pu ajouter avec autant de raison, *sur les différentes circonstances*; & alors la morale changeroit comme les temps & les lieux, & n'en seroit que plus commode.

» Après avoir vu dans le début de cet Ouvra-
» ge, en quel état de misère & de ténèbres étoit
» l'Europe à la naissance de l'Amérique, voyons

„ en quel état la conquête d'un Monde conquis
„ a conduit & poussé le Monde conquérant. C'é-
„ toit l'objet d'un Livre entrepris avec le désir
„ d'être utile : si le but est rempli, l'Auteur aura
„ payé sa dette à son siécle & à la société, „
p. 187.

Le but n'est certainement pas rempli ; on peut
assurer que l'Auteur l'a totalement manqué, supposé qu'il se le soit réellement proposé ; son siè-
cle & la société lui auroient volontiers remis sa
dette, puisqu'il vouloit s'en acquitter si mal :
mais voyons s'il réussit mieux à nous donner un
tableau fidéle de l'état de l'Europe, depuis la
conquête du nouveau Monde, qu'il n'a réussi à
nous la peindre avant cette fameuse conquête.
Faisons pour cela quelques extraits du XIXe.
Livre, qui forme un septième Volume séparé pour
la commodité de ceux qui avoient acheté quelqu'une des premieres Editions, & qui ne voudroient pas faire les frais assez considérables de
la derniere.

EXTRAITS

Du dix-neuvieme Livre ou du petit Tome VII, qui se vend séparément.

„ Constantin, au lieu d'unir à sa Couronne le
„ Pontificat, quand il se fit Chrétien, comme ils
„ étoient unis dans la personne des Empereurs
„ Payens, accorda au Clergé.... &c. " p. 191,
& du *Tome séparé*, p. 4.

Si *Constantin* eût été Philosophe, & s'il n'eût abandonné le Paganisme que par un esprit de nouveauté, & seulement par un goût de caprice, il y a apparence qu'en faisant l'honneur à la Religion Chrétienne de lui donner la préférence, il eût voulu se réserver celui d'en être le Souverain-Pontife ; mais *Constantin* abjurant le Paganisme parce qu'il en connoissoit la folie, & embrassant le Christianisme parce qu'il étoit convaincu de sa sainteté, devoit nécessairement laisser subsister l'ordre Hiérarchique qu'il avoit trouvé dans une Religion qu'il se proposoit de protéger, & non de sapper par le fondement. Si le Philosophe confond le Paganisme & le Christianisme ;

nifme; s'il ne regarde ces deux Religions que comme deux Sectes qu'il est assez indifférent d'embrasser, *Constantin* avec tous les Chrétiens mettoit une grande différence entre l'Evangile & les fables monstrueuses des Idolâtres.

„ Dans d'autres Etats, beaucoup d'esprits har-
„ dis se détacherent des dogmes du Christianis-
„ me; & les plus vertueux d'entre eux n'en con-
„ serverent qu'un certain attachement à sa mo-
„ rale, quoique extérieurement ils pratiquassent
„ ce que prescrivoient les Loix de la société
„ où ils vivoient, " p. 191, & du *Tome séparé*, p. 4.

Il n'est pas possible de savoir exactement si le nombre des bons esprits qui se détacherent des dogmes du Christianisme fut bien grand, puisque, en conservant un certain attachement à sa morale, ils pratiquoient extérieurement ce que les Loix de la société dans laquelle ils vivoient, prescrivoient : c'est-à-dire, que ces déserteurs eurent grand soin de cacher leur apostasie; comment donc l'Auteur peut-il affirmer positivement que le nombre de ces esprits hardis & vertueux fut considérable ? Les Philosophes tiendroient-ils un Nécrologe particulier de leurs confreres ?

R

„ Les Missions nous ont délivré de ces esprits
„ inquiets qui pouvoient incendier leur patrie,
„ & qui sont allé porter les torches & les glai-
„ ves de l'Evangile au-delà des mers, " p. 193,
& du *Tome séparé*, p. 6.

L'Evangile n'a ni torches, ni glaives ; c'est
au contraire malgré les torches & les glaives
qu'il s'est établi par la patience, la douceur & la
charité, tant de ses Apôtres que de ses prosélytes. Si des Ministres indignes ont quelquefois
abusé de leur ministere ; s'il subsiste encore dans
certains Etats un Tribunal cruel, où, à l'ombre
de l'Evangile, on immole inhumainement des
victimes à la vengeance, à la superstition, à l'a-
varice même, l'Evangile lui-même condamne
& réprouve des attentats de cette nature ; ce sont
des abus qu'on devroit sans doute proscrire ; mais
ces abus ne peuvent pas autoriser un esprit bien
fait à en faire une imputation odieuse & maligne
à la Religion de Jésus-Christ.

„ Depuis que la communication est établie
„ entre les deux hémisphères, on parle & l'on
„ s'occupe moins de cet autre Monde qui fai-
„ soit l'espérance du petit nombre, & le tour-
„ ment de la multitude, " p. 194, & du *Tome
séparé*, p. 6.

Il n'est gueres possible de s'expliquer avec plus de précision sur la vie future ; le ton indécent que l'Auteur prend à ce sujet, suffit pour le couvrir d'opprobre au tribunal de la raison : mais la Philosophie ne rougit de rien, & le Philosophe ne garde plus aucune mesure.

„ Les Hébreux, que les plaies d'Egypte forcerent à transmigrer dans l'Arabie pétrée, furent au moins quarante ans à se discipliner en corps d'armée, avant d'aller dévaster la Palestine pour s'y établir comme Nation, " p. 198, & du *Tome séparé*, p. 10.

Quand on altére un fait historique, & qu'on veut contredire ouvertement le seul Livre connu où ce fait est détaillé, on est obligé premiérement de citer les monumens authentiques qui ont servi à découvrir la vérité ; secondement, on doit démontrer que le Livre auquel on a ajouté foi pendant une suite non interrompue de plusieurs siécles, ne mérite nulle créance. Notre Historien ne fait, par rapport aux Hébreux, ni l'un, ni l'autre ; on est donc en droit de le soupçonner lui-même d'infidélité & de prévention; & de s'en tenir au Livre de Moyse, par préférence au Livre de l'Histoire philosophique & politique.

„ Le meilleur des Princes qui auroit fait le

» bien contre la volonté générale, seroit cri-
» minel, par la seule raison qu'il auroit outre-
» passé ses droits....... Peuples, ne permettez
» donc pas à vos prétendus Maîtres, de faire
» même le bien contre votre volonté générale, «
p. 203, & du *Tome séparé* p. 14 & 15.

» Elle est encore aujourd'hui (*la Pologne*)
» ce qu'étoient tous les Etats de l'Europe, il y
» a dix siécles, soumise à des grands Aristo-
» crates, qui nomment un Roi pour en faire
» l'instrument de leurs volontés, « p. 207, &
du *Tome séparé*, p. 19.

Tout le monde sait que le Royaume de France
n'étoit pas électif il y a dix siécles ; quand il
n'y auroit que celui-là en Europe, qui eut été
déclaré héréditaire, avant l'époque que l'Auteur assigne, cela suffiroit pour rendre sa proposition fausse.

» Cette constitution (*celle de l'Angleterre*)
» qui sans exemple dans l'antiquité, devroit
» servir de modéle à la postérité, se soutien-
» dra long-temps..... cependant les esprits
» sont sagement alarmés sur la durée d'un si bon
» Gouvernement, « p. 216, & du *Tome séparé*,
p. 27.

Sans examiner si ce n'est pas encore ici une

des Etablissemens & du Commerce, &c. 261

prévention déplacée qui fait tomber l'Auteur dans une petite contradiction, je me contenterai de lui demander, comment il est possible de prévoir que la constitution d'Angleterre se soutiendra long-temps, & de reconnoître en même temps la sagesse des alarmes bien fondées sur la durée d'un si bon Gouvernement ? Notre Politique a un goût décidé pour la prophétie ; plus d'une fois le sort futur de tous les peuples de la terre, paroît lui être connu ; plus d'une fois il l'annonce avec ce ton d'assurance qui caractérise l'homme inspiré : quel dommage qu'il nous ait prévenu lui-même contre les Prophètes, lorsqu'il nous a dit que tous les Prophètes commencent par *rêver*, & que *c'est-là le premier pas dans le métier*. Un Prophète qui contredit sa propre prophétie, ne mérite-t-il pas lui-même le nom de rêveur ?

„ Chargé de terminer les querelles religieuses,
„ (*le Stadhouder*) ce Magistrat a dès-lors une
„ influence dangereuse, parce qu'il peut impli-
„ quer toutes les affaires de Religion dans cel-
„ les de l'Etat, & toutes les affaires d'Etat
„ dans celles de Religion, " p. 220, & du *Tome séparé*, p. 30. On doit remarquer qu'il est très-faux que le *Stadhouder* soit chargé de

terminer les querelles de Religion. Chaque Ville députe à tous les Synodes un ou plusieurs laïques pour surveiller les Ministres dans les arrangemens qui s'y prennent ou les décisions qui s'y font ; & comme dans chaque Ville le Magistrat est le véritable Souverain, c'est lui aussi qui décide les querelles religieuses. Heureusement pour le peuple, que ces querelles sont très-rares en Hollande, & qu'ordinairement elles sont de peu de conséquence.

Il paroît par ce texte, que l'Auteur trouve l'autorité du *Stadhouder* en Hollande trop étendue, & par-là même dangereuse; car, quelques lignes après, il s'écrie : *Quelle carriere ouverte à son ambition !* .

A la page qui suit, il la trouve cette même autorité trop bornée, pour qu'il puisse être utile à l'Etat ; il dissipe même la crainte que les Hollandois pourroient avoir de lui confier un pouvoir plus absolu, & il fait voir qu'il n'y a aucun rapport de la République de *Rome* à celle de la *Hollande*, pour que la chûte de la premiere, occasionnée par le pouvoir trop étendu qu'elle donnoit à ses Dictateurs, doive faire craindre à la seconde un pareil sort. Voici comme l'Auteur s'explique.

„ Cependant ce Magiftrat, pour être utile à
„ la République, devroit être tout entier à l'E-
„ tat. S'il avoit dans l'Affemblée générale l'in-
„ fluence qu'il a dans le Confeil de guerre, il
„ ne lui refteroit d'autres intérêts que ceux de la
„ Patrie.....

„ Mais peut-être craint-on que le Sradhoudé-
„ rat réuniffant le pouvoir civil à la force mili-
„ taire, cette dignité ne devînt un jour un inf-
„ trument d'oppreffion. *Rome* eft toujours citée
„ pour exemple à tous nos Etats libres qui n'ont
„ rien de commun avec elle, " p. 221 & 222,
& du *Tome féparé*, p. 32.

Mais fi le Stadhouder avoit la même influence
dans l'Affemblée générale qu'il a dans le Confeil de guerre, ne feroit-il pas véritablement le
Souverain de la République ? Oui fans doute,
puifqu'alors il réuniroit tout le pouvoir des Defpotes mêmes, c'eft-à-dire, le pouvoir civil,
le pouvoir militaire, & le pouvoir eccléfiafti-
que : quel pouvoir refteroit-il à la Nation ? Au-
roit-on cru que l'ennemi des Defpotes indiquât
la route qu'il faudroit fuivre pour en créer un
de plus en Europe ?

„ L'Europe auroit à défirer que les Souve-
„ rains vouluffent imiter un établiffement de la

» Chine. Dans cet Empire, on diſtingue les Mi-
» niſtres en deux claſſes, celle des *Penſeurs*, &
» celle des *Signeurs*; .... c'eſt la ſource de tous
» ces Réglemens admirables qui font regner à la
» Chine la Légiſlation la plus ſavante, par l'ad-
» miniſtration la plus ſage.... &c. « p. 238, &
du *Tome ſéparé*, p. 46 & 47.

J'ai déja fait remarquer ce qu'on devoit pen-
ſer de cette *Légiſlation la plus ſavante* & de *cette
adminiſtration la plus ſage*, qui dans l'ordre des
Gouvernemens, mettent la Chine au premier
rang.

» Tout Ecrivain de génie, eſt Magiſtrat né
» de ſa patrie; il doit l'éclairer s'il le peut; ſon
» droit eſt ſon talent..... ſon Tribunal c'eſt
» la Nation entiere; ſon Juge eſt le Public,
» non le Deſpote qui ne l'entend pas, ou le
» Miniſtre qui ne veut pas l'écouter, « p. 239,
& du *Tome ſéparé* p. 47.

Tout Ecrivain de génie doit ſans doute con-
ſacrer ſes talens au bien & à l'utilité de la ſo-
ciété, & plus particulierement encore à l'honneur, à la gloire, & à l'avantage de ſa patrie;
mais ſon travail doit toujours être ſoumis au
jugement du Gouvernement, & ſuppoſé que
l'Ecrivain patriote mérite d'être regardé en

quelque façon comme le *Magistrat*, ou pour mieux dire, le *Législateur* de sa Nation, il doit attendre que le Gouvernement lui défére ce titre honorable. Dire, comme notre Philosophe, qu'il peut le prendre de lui-même ; dire que la Nature le lui donne, c'est avancer une absurdité insoutenable ; c'est exposer une Nation à un désordre continuel. Rarement ces Ecrivains de génie sont-ils d'accord entre eux ; que de Loix contradictoires ne verroit-on pas éclore ! Le Code de *V****, ceux de *R****, de *D****, de *M****, de *D'A****, d'*H****, de *M****, & de tant d'autres Ecrivains de génie, jetteroient la France dans un labyrinthe de systêmes monstrueux & informes, qu'il ne seroit certainement pas possible de concilier ensemble, si tous ces Ecrivains avoient le droit d'être les Législateurs de leur patrie. Tous ces Messieurs sont cependant des *Ecrivains de génie*, des Philosophes modernes, dont les sentimens différent presque en entier. On comprend aisément où tend la proposition de l'Auteur ; il sent d'avance, qu'il n'y a pas un seul Gouvernement qui puisse admettre ses principes ; aussi va-t-il chercher le droit de les avancer dans la Nature ; mais la Nature les désavoue autant que la société & le bon ordre.

» C'est alors peut-être que la Divinité con-
» temple avec plaisir son ouvrage, & ne se re-
» pent pas d'avoir fait l'homme, « p. 295, &
du *Tome séparé* p. 98.

On croiroit que l'Auteur a détaillé un peu plus haut les vertus civiles & morales des hommes, qu'il a peint leur amour pour la justice, leur fidélité dans les engagemens, & leur vive reconnoissance envers l'Etre suprême pour tous les biens dont il les comble ; ce n'est rien de tout cela ; il a fait l'énumération des avantages du commerce, il a peint le grand Négociant ; & après avoir pompeusement décrit tout ce que l'Europe a fait pour *ouvrir toutes les sources de la population & de la volupté, pour les ver-ser par mille canaux* sur la surface de la terre, il s'écrie avec le ton le plus emphatique : *c'est alors*, &c....

Si cette exclamation est bien placée, on peut dire que l'homme a été bien long-temps à répondre aux vues de la Divinité sur lui.

» Le Clergé n'est qu'une profession au moins
» stérile pour la terre, lors même qu'il s'oc-
» cupe à prier, « p. 310, & du *Tome séparé*
p. 112.

On voit ici l'*inutilité des Prieres* assez claigement marquée, & la *fécondité* de la terre *indépendante* de la volonté de son Créateur.

» La stabilité des Empires y (*en Asie*) fonda » les Loix & les Arts, enfans du génie & de la » paix, « p. 315, & du *Tome séparé* p. 116.

Quels sont donc ces Empires si stables de l'Asie ? Ne les a-t-on pas vus se fonder, se diviser, se détruire, & crouler subitement les uns sur les autres ? L'Auteur m'opposera peut-être l'Empire de la *Chine*; mais ni lui, ni moi, ne sommes pas assez versés dans les Antiquités Chinoises; nous ne connoissons pas assez ni l'histoire, ni la tradition de ce peuple, pour pouvoir nous assurer que la stabilité de son Empire ait été à l'épreuve des vicissitudes auxquelles tous les autres ont succombé plusieurs fois.

» Au temps de la naissance du Christ, les Li-» vres de David & ceux de la Sybille annonce-» rent la chûte du Monde, un déluge, ou plu-» tôt un incendie universel; un Jugement de » tous les hommes; .... mille ans après l'Ere » chrétienne, les Livres de David & ceux de » la Sybille annoncerent encore le Jugement der-» nier.... &c. « p. 337 & 338, & du *Tome séparé* p. 136 & 137.

Il suffit, je pense, d'extraire ce lambeau d'éloquence, pour faire l'éloge de la fidélité, du goût, du discernement & de la probité de l'Historien. Les Livres de David ont annoncé long-temps avant la naissance du Christ, *la chûte du Monde, & le Jugement de tous les hommes*: les Livres de la Sybille ne sont, selon toutes les apparences, que fabuleux, & ne doivent pas être cités conjointement avec ceux du Prophète Roi. Les Livres de David n'ont pas été ensevelis pendant mille ans dans l'oubli, pour qu'on puisse dire que *mille ans après l'Ere chrétienne, ils annoncerent encore le Jugement dernier.*

« Tandis qu'une partie de Chrétiens frappés » de terreur, alloit périr dans les Croisades, » une autre partie s'ensevelissoit dans les Cloî- » tres. Voilà l'origine de la vie monastique en » Europe. L'opinion fit les Moines, l'opinion » les détruira, » p. 338, & du *Tome séparé* p. 137.

Autre erreur historique aussi frappante & aussi malicieusement avancée que les autres. L'origine de la vie monastique en Europe, ne remonte-t-elle qu'au temps des Croisades? Si ce sont les Moines qui ont prêché les Croisades en Europe, certainement l'origine de la vie monastique remonte bien plus haut. Mais qu'est-il besoin de réfuter un Historien qui semble avoir affecté d'avancer des paradoxes pour se jouer du Lecteur ? Le Monastere du *Mont-Cassin*, ceux de *Cluni*, *Cîteaux*, *Marmoutier*, *Luxeu*, & tant d'autres, attestent qu'un Historien qui ne feroit remonter l'origine des Moines en Europe qu'au dixieme siécle, seroit ou un ignorant inexcusable, ou un Ecrivain infidéle, qui voudroit, à pure perte, en imposer à la postérité.

„ Parmi les classes oiseuses de la société, la
„ plus nuisible est celle qui, par ses principes,
„ doit porter tous les hommes à l'oisiveté, ...
„ qui fait perdre dans les Temples le temps que
„ l'homme doit au soin de sa maison ; qui fait
„ demander au Ciel une subsistance que la terre
„ seule donne & rend au travail, " p. 339, & du *Tome séparé* p. 138.

Le culte public, l'invocation de Dieu & de sa Providence, ne sont qu'une suite de l'oisiveté qu'une classe d'hommes dangereux & inutiles ne cessent de prêcher. Telle est l'élévation des sentimens de notre Historien Philosophe ; tels sont son respect, sa confiance & sa reconnoissance envers la Divinité.

„ Cette tête élevée vers les Cieux, n'est pas
„ faite à l'image du Créateur, pour se courber

» devant un homme. Aucun n'eſt plus qu'un
» autre, que par le choix, que de l'aveu de tous,
p. 354, & du *Tome séparé* p. 151.

Le Philoſophe qui diminue & réduit à peu de
choſe les devoirs de l'homme envers Dieu, doit
ſans doute n'en reconnoître aucun d'homme à
homme. Le texte ci-deſſus prouve clairement que
les Souverains de la terre ne peuvent exiger aucune marque de ſoumiſſion de la part de leurs
ſujets ; qu'à cet égard les ſujets ne doivent rien
aux Rois de la terre.

» La Nation n'étant plus rien, prendra de
» l'indifférence pour ſes Rois ; ne verra ſes en-
» nemis que dans ſes Maîtres ; eſpérera quel-
» quefois un adouciſſement de ſervitude dans un
» changement de joug ; attendra ſa délivrance
» d'une révolution, & ſa tranquillité d'un bou-
» leverſement.... après ces mots, il faut ſe tai-
» re, « p. 355, & du *Tome séparé* p. 153.

Il faut ſe taire ſans doute, quand on a dit
tout ce qu'on avoit à dire : mais il eût mieux
valu ſe taire plutôt ; il eût mieux valu ne jamais parler : quand on n'a que des impiétés à
vomir, de fauſſes maximes à débiter, des ſéditions à exciter, des fauſſetés à dire, on devroit ne jamais parler ; mais lorſqu'après avoir

ramassé dans un Livre très-long, quantité d'absurdités dans tous les genres, un Auteur dit gravement à la fin de son Ouvrage : *après ces mots, il faut se taire* ; n'est-on pas en droit de lui répondre : vous vous ravisez trop tard ; il y a long-temps que vous auriez dû vous condamner au silence ?

» Un Tartare brisera peut-être d'un seul coup
» de hache cette statue de *Voltaire*, que *Pigale*
» n'aura pas achevée en dix ans : & nous tra-
» vaillons encore pour l'immortalité, vains atô-
» mes poussés les uns par les autres dans la
» nuit d'où nous venons ! Peuples artistes ou
» soldats, qu'êtes-vous entre les mains de la
» Nature, que le jouet de ses loix, destinés
» tour-à-tour à mettre de la poussiere en œuvre,
» & cette œuvre en poussiere, « p. 372, & du *Tome séparé*, p. 168.

Le Matérialiste le plus décidé ne s'est jamais expliqué avec plus de précision, moins d'équivoque & plus de clarté. Il me semble entendre l'Auteur des *Œuvres philosophiques* de M. D.... celui *du Systême de la Nature*, faussement attribué à *M. Helvetius*, & plusieurs autres Anonymes modernes, qui vraisemblablement ne sont qu'un seul & même Auteur;

qu'on ne devroit peut-être pas distinguer de notre Historien philosophe & politique. Celui qui a eu assez de méchanceté pour mettre sur le compte de MM. *Helvétius* & *Mirabeau*, des Ouvrages impies & scandaleux, peut bien avoir poussé son audace jusqu'à faire courir le bruit, par le canal de son Libraire, que M. l'Abbé *Raynal* est l'Auteur de l'Histoire philosophique & Politique. Ce second attentat est si fort analogue aux premiers, qu'on ne croit pas faire tort à l'Auteur de ceux-ci, en l'accusant de celui-là; sur-tout si l'on fait attention qu'on n'en juge pas sur de simples probabilités, & qu'on a sur cet article quelque chose de plus que des conjectures.

„ Le monde étoit Chrétien ou Mahométan,
„ enséveli par-tout dans le sang des Nations.
„ L'ignorance seule triomphoit sous l'étendard
„ de la Croix ou du Croissant. Devant ces
„ signes redoutés tout genou fléchissoit, & tout
„ esprit trembloit. La Philosophie dans une
„ enfance continuelle balbutioit les noms de
„ Dieu & de l'ame; elle s'occupoit des seules
„ choses qu'elle devoit toujours ignorer, „ p.
„ 376, & du *Tome séparé*, p. 172. Toutes les pas-
„ sions s'allumerent & s'exalterent entre les
„ tombeaux

» tombeaux de Jésus & de Mahomet, « p. 392, & du *Tome séparé*, p. 187.

Ce texte est énergique ; jamais l'impiété n'osa élever sa tête aussi haut ; & jamais l'impie ne blasphéma plus ouvertement : peut-on voir sans frémir, le croissant de Mahomet à côté de la Croix de Jésus-Christ ? peut-on voir confondre, sans frissoner, ces deux signes, si différens l'un de l'autre ? peut-on entendre, sans horreur, accuser la Croix du Sauveur, de tous les forfaits qui servirent de base en Asie, à l'édifice de la Religion dont le Croissant étoit le signe visible ? En un mot, le Philosophe qui compare Jésus à Mahomet, le tombeau du premier, au tombeau du second, la Loi des Chrétiens à la Loi des Turcs, qui regarde comme très-indifférent d'être disciple du Messie ou du faux Prophète baptisé ou circoncis ; ce Philosophe quel titre mérite-t-il ?

» Après tant de bienfaits, elle (*la Philosophie*) » devroit tenir lieu de divinité sur la » terre. C'est elle qui lie, éclaire, aide & sou- » lage les humains. Elle leur donne tout sans » en exiger aucun culte.... &c. « p. 383, & du *Tome separé*, p. 178.

Quand bien même l'éloge de la Philosophie

tel que l'Auteur le fait, ne seroit pas outré ; quand bien même tous les biens dont le Philosophe fait honneur à sa divinité, ne seroient pas une fiction plus ingénieuse que raisonnable, peut-on dire que la Philosophie, cet être de raison, *devroit tenir lieu de la Divinité sur la terre* ? Cette assertion, au moins imprudente & indécente dans la bouche d'un homme qui ne la mettroit en avant que dans le sens figuré, devient un blasphême dans la bouche d'un Philosophe qui s'attache à sapper toutes les Religions par le fondement, qui donne tout à la Nature, qui refuse tout à l'Auteur de la Nature.

„ Et voilà pourquoi, chez tous les peuples
„ & dans tous les temps, on s'est formé des
„ idées si différentes des vertus & des vices :
„ pourquoi, jusqu'ici, la morale a paru n'être
„ parmi les hommes qu'une chose de pure con-
„ vention. Que tant de siécles se soient écou-
„ lés dans cette ignorance profonde des pre-
„ miers principes d'une science si importante à
„ notre félicité, c'est un fait certain, mais qui
„ doit nous paroître incroyable..... &c. „ p. 389, & du *Tome séparé*, p. 184.

Il est faux que jusqu'ici la morale n'ait paru

être qu'une chose de pure convention parmi les hommes; il est faux que les principes fondamentaux en aient varié au gré des différentes sociétés; si quelque chose doit nous paroître incroyable, c'est qu'il ait jamais existé un homme qui se soit dit Philosophe, & qui ait avancé en si peu de lignes, autant de faussetés d'un ton si hardi. Inutilement la Philosophie moderne cherche-t-elle à substituer sa morale à celle de tous les siécles qui l'ont précédée; inutilement se vante-t-elle de répandre la lumiere sur la surface du globe, l'esprit d'erreur, de libertinage, de trouble & de désordre qui l'anime, suffit lui seul, pour la décrier, l'avilir & la précipiter dans le gouffre dont elle est sortie depuis quelques années. L'ami de la vérité, le partisan de la raison, le Chrétien en un mot, n'est ni aveugle, ni ignorant, il ne craint ni de voir, ni d'être vu. Le seul Philosophe craint d'être vu, c'est pour cela que lorsqu'il cherche à répandre la lumiere, il se tient lui même dans les plus épaisses ténébres. L'Apôtre de la vérité doit-il craindre de la prêcher publiquement? Le seul Philosophe enfin ne veut pas voir. C'est un aveugle volontaire, d'autant moins à plaindre, qu'à l'obstination il joint la méchanceté; c'est un aveugle qui se plaît dans son aveuglement, & qui cherche peut-être à le justifier vis-à-vis de lui-même ; mais avec aussi peu de succès que vis-à-vis de l'homme raisonnable ; car qui croira que la vertu consiste seulement à être utile, & le vice à être inutile ou nuisible ? c'est cependant la conséquence que notre Philosophe déduit de ses principes fondamentaux de morale.

„ Ainsi être vertueux, c'est être utile ; être „ vicieux, c'est être inutile ou nuisible ; voilà „ la morale. " p. 391, & du *Tome séparé* p. 185.

C'est ici le dernier texte que j'extrais de l'Histoire philosophique & politique : je me flatte d'avoir extrait assez de suc vénimeux de cette plante, pour dégoûter absolument l'homme raisonnable d'en faire usage ; je ne l'ai cependant pressée que très-foiblement ; que seroit-ce, si un homme avec un zele égal au mien, & des talens bien supérieurs, s'appliquoit à en démontrer le vice radical, & le principe de mort qu'elle renferme ? *Puissent des Ecrivains plus favorisés de la Nature, achever par leurs chefs-d'œuvre, ce que mon essai a commencé !* c'est le souhait que notre Auteur fait en finissant son Ouvrage. C'est celui que je fais en finissant le mien, avec autant de sincérité que lui. C'est au Public à décider quel de nous deux mérite le mieux d'avoir la consolation de le voir accomplir. Mes vœux ont pour objet la Religion, la société, la morale, la tranquillité publique, la juste subordination du Sujet envers le Souverain, la paix intérieure de l'homme, sa félicité actuelle, sa félicité à venir ; je desire en un mot que la vérité triomphe avec avantage du mensonge ; puis-je ne pas m'assurer d'avance, de réunir en ma faveur la pluralité des suffrages ?

L'Auteur avoit promis dans le dix-neuvieme Livre, qui fait la matiere d'un petit Volume séparé, le portrait actuel de l'Europe ; qu'on le lise avec attention, & on n'y trouvera qu'une satyre amère, audacieuse, indécente & mal-adroite de tous les Gouvernemens, à l'exception peut-être de celui d'Angleterre : une déclamation odieuse contre le Christianisme, & en un mot une *licence vraiment audacieuse, occupée à semer des principes dangereux, à insulter au Trône, à mettre tout en œuvre pour accréditer des faits destitués de tout fondement, ou inventés dans l'unique vue de ternir la gloire d'hommes célébres & respectables.*

C'est-là le reproche qu'on a fait avant moi, à l'occasion d'un Article qu'on trouve au Tome II, qui concerne le Roi de Prusse; c'est celui qu'on est en droit de faire plus particulierement encore par rapport au dix-neuvieme Livre, dans lequel il n'est pas possible de méconnoître un homme qui *s'érige en précepteur des Rois, qui juge du tout par quelque partie détachée, & qui donnant carriere à son imagination, invente des théories, & trace des systêmes de Gouvernement, plus absurdes encore dans l'application, qu'ils ne le sont dans les principes qui leur servent de base.*

FIN.

www.ingramcontent.com/pod-product-compliance
Lightning Source LLC
Chambersburg PA
CBHW050658170426
43200CB00008B/1341